AF466586

CATALOGUE
DE LIVRES

PROVENANT DE LA LIBRAIRIE

DE M. BARROIS L'AINÉ.

Dont la vente se fera le 15 février 1838, et jours suivants, à six heures de relevée, Rue des Bons-Enfants, n° 30;

MAISON SILVESTRE.

Les adjudications seront faites par Me COMMENDEUR, Commissaire-Priseur, rue Saint-Germain-des-Prés, n° 9.

Les acquéreurs paieront, en sus du prix d'adjudication, 5 centimes par franc, applicables aux frais.

SE DISTRIBUE A PARIS,

CHEZ SILVESTRE, LIBRAIRE,

Rue des Bons-Enfants, n° 30.

1838.

SOUS PRESSE,

1° Catalogue des livres de la Bibliothèque de feu M. Reina, de Milan. (*Troisième partie.*)

2° Catalogue de livres, provenant de la Librairie de M. Barrois l'aîné. (*Seconde partie.*)

ORDRE DES VACATIONS.

On pourra voir les livres, le matin de chaque jour de la vente, depuis une heure jusqu'à trois.

Les livres vendus devront être collationnés sur place dans les vingt-quatre heures de l'adjudication.

Les articles au-dessous de 10 fr. ne seront repris que s'ils sont incomplets.

1re vacation.

Jeudi 15 février 1838.

Histoire.	1416 —	1449.
Belles-Lettres.	1091 —	1107.
Théologie.	61 —	90.
Sciences et arts.	622 —	645.

2e vacation.

Vendredi 16 février.

Théologie.	91 —	120.
Sciences et arts.	646 —	669.
Belles-Lettres.	1108 —	1125.
Histoire.	1450 —	1483.

3e vacation.

Samedi 17 février.

Histoire.	1484 —	1517.
Théologie.	121 —	150.
Belles-Lettres.	1126 —	1142.
Sciences et arts.	670 —	693.

4e vacation.

Lundi 19 février.

Théologie.	151 —	180.
Sciences et arts.	694 —	717.
Belles-Lettres.	1143 —	1159.
Histoire.	1518 —	1551.

5e vacation.

Mardi 20 février.

Théologie.	181 —	209.
Sciences et arts.	718 —	741.
Belles-Lettres.	1160 —	1176.
Histoire.	1552 —	1586.

6e vacation.

Mercredi 21 février.

Théologie.	210 —	238.
Sciences et arts.	742 —	765.
Belles-Lettres.	1177 —	1192.
Histoire.	1587 —	1621.

7e vacation.

Jeudi 22 février.

Histoire.	1622 —	1658.
Théologie.	239 —	265.
Sciences et arts.	766 —	789.
Belles-Lettres.	1193 —	1208.

8e vacation.

Vendredi 23 février.

Histoire.	1659 —	1692.
Théologie.	1 —	30.
Sciences et arts.	790 —	813.
Belles-Lettres.	1209 —	1224.

9e vacation.

Samedi 24 février.

Histoire.	1693 —	1726.
Belles-Lettres.	1225 —	1240.
Sciences et sart.	814 —	837.
Théologie.	31 —	60.

10e vacation.

Jeudi 1er mars.

Jurisprudence.	266 —	298.
Histoire.	1727 —	1759.
Sciences et arts.	838 —	860.
Belles-Lettres.	1241 —	1256.

11e vacation.

Vendredi 2 mars.

Belles-Lettres.	1257	—	1272.
Jurisprudence.	299	—	331.
Sciences et arts.	861	—	883.
Histoire.	1760	—	1792.

12e vacation.

Samedi 3 mars.

Sciences et arts.	884	—	906.
Jurisprudence.	365	—	397.
Belles-Lettres.	1273	—	1288.
Histoire.	1793	—	1825.

13e vacation.

Lundi 5 mars.

Sciences et arts.	907	—	928.
Belles-Lettres	1289	—	1304.
Jurisprudence.	332	—	364.
Histoire.	1826	—	1859.

14e vacation.

Mardi 6 mars.

Jurisprudence.	398	—	429.
Sciences et arts.	929	—	952.
Belles-Lettres.	1305	—	1320.
Histoire.	1860	—	1892.

15e vacation.

Mercredi 7 mars.

Jurisprudence.	430	—	461.
Sciences et arts.	953	—	975.
Belles-Lettres	1321	—	1336.
Histoire.	1893	—	1926.

16e vacation.

Jeudi 8 mars.

Jurisprudence.	462	—	493.
Sciences et arts.	976	—	998.
Belles-Lettres.	1337	—	1352.
Histoire.	1927	—	1959.

17e vacation.

Vendredi 9 mars.

Belles-Lettres.	1353	—	1368.
Jurrsprudence.	494	—	525.
Sciences et arts.	999	—	1020.
Histoire.	1960	—	1993.

18e vacation.

Samedi 10 mars.

Jurisprudence.	526	—	557.
Sciences et arts.	1021	—	1044.
Belles-Lettres.	1369	—	1384.
Histoire.	1994	—	2026.

19e vacation.

Lundi 12 mars.

Jurisprudence.	558	—	589.
Sciences et arts.	1045	—	1067.
Belles-Lettres.	1385	—	1400.
Histoire.	2027	—	2059.

20e vacation.

Mardi 13 mars.

Histoire.	2060	—	2090.
Sciences et arts.	1068	—	1090.
Jurisprudence.	590	—	621.
Belles-Lettres.	1401	—	1415.

CATALOGUE
DES LIVRES

PROVENANT DE LA LIBRAIRIE

DE M. BARROIS L'AINÉ.

PREMIÈRE PARTIE.

THÉOLOGIE.

1. Alciatus (A.) : Tractatus contra vitam monasticam. — Sylloge epistolarum virorum clarissimorum, ed. Matthæo. *Lugd. Bat.*, 1708, in-8. *broché non rogné.*
2. Alexander (N.) : de confessione sacramentali. *Parisiis*, 1678, in-8. *mar. r. d. s. tr.*
3. Alexander (N.) : Dissertationum ecclesiasticarum trias. *Parisiis*, 1678, in-8. v. br. — Alexander (N.) : Dissertatio adversus Cl. Frassen. *Parisiis*, 1682, in-8. *v. br.*
4. Alexander (N.), Theologia dogmatica et moralis. *Parisiis*, 1703, 2 vol. in-fol. *v. br.*
5. Amor pœnitens, sive de divini amoris ad pœnitentiam necessitate et recto clavium usu. *Embricæ*, 1685, 2 vol. in-8.
6. Anastasii collectanea, ed. J. Sirmond. *Parisiis*, 1620, in-8.
7. Anselmi (Sti.) Opera, ed. Gerberon. *Parisiis*, 1721, in-fol. br.

8. Antipapisme (l') révélé ou les rêves de l'antipapiste (attribué à l'abbé Du Laurens). *Genève*, 1785, in-12. broché.

9. Antiphonarium Romanum. *Parisiis*, 1701, in-8.

10. Athanasius (Stus.) : De trinitate. — Basilius adversus Eunomium. — Anastasii et Cyrilli fidei Explicatio, etc., gr. lat. *Parisiis*, *Stephanus*. 1570, in-8.

11. Augustinus : De civitate Deí. *Moguntiæ Schaeffer*, 1473, in-fol. *rel. en bois* (*plusieurs feuillets endommagés*).

12. Augustinus : De civitate Dei, opera et studio PP. Maurinorum. *Venet.*, 1796, in-4. *br.*

13. Augustini Enchyridion *Coloniæ*, *Ulrich Zell* (circa, 1466), in-4. *goth. mar. bl. dent. d. s. t.*
Rel. de Bozerian.

14. Baronii (Card.) Epistolæ, ed. R. Albericio. *Romæ*, 3 vol. in-4. *br.*

15. Basilii (D.) de moribus orationes, gr. et lat., ed. Simone. *Francof.*, 1598, in-8. *demi-rel.*

16 Beaulxamis (Th.), Résolution sur certains pourtraictz et libelles, intitulez du nom de marmitte, par laquelle est prouvé par le discours de l'escripture saincte et l'expresse parolle de Dieu, le nom de marmitte enflambée, estre propre à la nouvelle église. *Paris*, 1562, in-8. *dem. rel.*
Rare.

17. Beausobre, Sermons. *Lausanne*, 1758, 4 vol. in-8. *broché.*

18. Berghauer (J.-T.), Proto-Martyr pœnitentiæ divus Joannes Nepomucenus. *Aug. Vind.*, 1736, 2 vol. in-fol.

19. Bernardus (Stus.), De consideratione, studio J. Sianda. *Romæ*, 1765, in-4. *br.*

20. Bernard (St.), Sermons sur le cantique des cantiques. *Lyon*, 1686, 2 vol. in-8. — Augustin (St.), Deux traitez : les livres de l'ordre et du libre arbitre, trad. en franç. *Paris*, 1701, in-8. br.

21. Bhaguat-Geeta ou Dialogues de Krusna et d'Arjoon, contenant un précis de la religion et morale des Indiens, trad. par Parraud. *Paris*, 1787, in8.

22. Biblia hebraica. *Parisiis*, 1543, in-4.
Le volume contient : Pentateuchum : Prophetæ

priores, Liber paralipomenon. Esdras.

23. Biblia hebraica. *Parisiis, Car. Stephanus*, 1556, in-4. *v. br.*
Le volume contient : Pentateuchum, Prophetæ priores.

24. Biblia hebraica, ex recensione Menasseh Ben Israel. *Amst.*, 1635, in-4. *demi-reliure.* (*Titre racommodé.*)

25. Biblia hebraica manualis, cur. Simonis. *Halæ*, 1822, in-8. *demi-rel.*

26. Biblia hebraica manualis, curâ J. Simonis, ed. Rosenmuller. 1822, in-8. *br.*

27. Biblia sacra, hebraice, chaldaice, græce et latine, stud. Ariœ Montani. *Antverpiæ*, 8 vol. in-fol. (*Un vol. piq. de vers dans la marge*).

28. Biblia : vetus Testamentum, secundum LXX, gr. et lat. *Paris*, 1641, 2 vol. in-fol. *Ch. M.* (*Deux feuillets en petit papier et des mouillures.*)

29. Biblia utriusque Testamenti. *Parisiis, Rob. Stephanus*, 1557, 3 vol. in-fol.

30. Biblia sacra, cum annotationibus. *Parisiis*, 1731, 2 vol. in-fol. *mar. à compart. d. s. t.*

31. Bible (Ste.), trad. en françois. *Liége*, 1700, 3 vol. in-4. *v.*

32. Bible (Ste.), trad. en françois, par Lemaistre de Sacy. *Mons*, 1713, 2 vol. in-4. *v.*

33. Bible, lat. franç., avec un commentaire littéral, par Calmet, 1715, 25 vol. in-4. *v. br.*

34. Biblia trasladada en español. 1569, in-4.

35. Biblia revista por Cypr. de Valera. *Amst.*, 1602, in-fol.

36. Bible (the holy), with notes by Th. Wilson and various rendering collected by Cl. Cruttwell. *Bath*, 1785, 3 vol. in-4. *br.*

37. Bibliotheca fratrum Polonorum (Socinus, Crellius, Sclichtingius, Wolzogenius, Przipcovius, Brenius). *Irenop*, 1656, 11 tom. en 10 vol. in-fol. *v. non unif.*

38. Bibliotheca patrum cisterciensium auct. Tissier. *Bonofonte*, 1660, 8 tom. rel. en 4 vol. in-fol.

39. Bibliothecæ græco-lat. patrum auctarium (S. Asterii ac aliorum opuscula et hist. Monothelitarum), ed. Combefis. *Parisiis*, 1648, 2 vol. in-fol. *v.*

40. Bulla diaboli, quâ paterne papam suum admonet, atque instruit quomodo gerere se debeat in regenda curia et toto terrarum orbe. (*sine loco et anno*) in-8. *cart.*

Opuscule de la plus grande rareté et inconnu aux bibliographes.

41. Cœremoniale Episcoporum. *Parisiis*, 1633, in-fol. fig. v. *f. à compart., fers à froid, d. s. t.*

42. Calovii, Biblia Testamenti veteris illustrata. *Dresdæ*, 1719, 3 vol. in-fol. *br.*

43. Cattenburgh (Adr. a.), Spicilegium theologiæ christianæ Philippi à Limborch. *Amst.*, 1726, in-fol. *broché.*

44. Chertablon (de), Manière de se bien préparer à la mort par des considérations sur la Cêne, la Passion, et la mort de Jésus-Christ. *Anvers*, 1700, in-4, belles figures. *br.*

45. Clementis (Sti.), Alexandrini opera, gr. et lat., ed. Pottero. *Venetiis*, 1740, 2 vol. in-fol. *br.*

46. Crines, Epistola S. Pauli ad Romanos lingua syriaca vernacula. *Vitebergæ*, 1612, in-4. *non rel.*

47. Cydonii De contemnenda morte oratio. Hermiæ irrisio gentilium philosophorum, gr. et lat.. cum versione R. Seileri. *Basileæ*, 1553, in-12. *demi-reliure.*

48. Davidis liber Psalmorum ex arabico idiomate in latinum translatus a V. Scialac et G. Sionita. *Romæ*, 1614, in-4. *v. fil.*

49. Davidis liber Psalmorum ex idiomate syro in latinum translatus à Gabriele Sionita. *Parisiis*, 1625, in-4. *parch.*

50. Davidis Psalmi duplici poeticâ metaphrasi Th. Bezæ et Buchanani. *Morgiis*, 1681, in-8. *vél.*

51. David (le Pseautier de), trad. en franç. avec notes. *Paris*, 1738, in-12. *mar. r. fil. d. s. t.*

52. Décret de N. S. P. le pape Grégoire XV touchant les priviléges des exempts et privilégiés. *Paris*, 1623, in-8. *cart.*

53. Dieu (L. de), Animadversiones sive commentarius in quatuor evangelia. *Lugd. Bat.*, 1631, in-4. *v. à comp.*

54. Dieu (L. de), Animadversiones in acta apostolorum. *Lugd. Bat.*, 1634, in-4. *br.*

55. Dieu (L. de), Apocalypsis syriace, hebr. et lat. cum notis. *Lugd. Bat.*, 1627. — Epistolæ quatuor Petri 2^a, Johannis 2^a et 3^a et Judæ una, cum notis Ed. Pococki. *Lugd. Bat.*, 1630, in-4. *parch.*

56. Dieu (L. de), Apocalypsis Sti Johannis, ed. J. Scaligero. *Lugd. Bat.*, 1627. — Ejusdem animadversiones in acta apostolorum. *Lugd. Bat.*, 1634, in-4. *v. à comp.*

57. Doctrina christiana à P. Paulo versa in linguam armenam. *Lut. Paris.*, 1633, in-4. *v. f. fil.*

58. Drieberge (J.), De prædestinatione et gratiâ. *Amstel.*, 1745, in-4. *br.*

59. Eichorn (J. G.), Commentarius in apocalypsis Joannis. *Gottingæ*, 1791, 2 vol. in-8. br.

60. Erberg (O. L.), la Défense des censures du pape Innocent XI et de la Sorbonne contre les apologistes de la morale des Jésuites. *Cologne*, 1690, in-24. *cart.*

61. Essai sur la religion des anciens Grecs (par Leclerc de Septchênes). *Genève*, 1787, 2 vol. in-8. *br.* — Eberhard (J. A.), Examen de la doctrine touchant le salut des payens ou nouvelle apologie pour Socrate. *Amst.*, 1773, in-8. *br.*

62. Evangelia et epistolæ Dominicorum festorumque dierum, græce. *Antverpiæ*, 1564, in 8. *cart.*

63. Evangeliarum quadruplex latinæ versionis antiquæ, ed. J. Blanchino. *Romæ*, 1749, 2 vol. in-fol. *br.*

64. Evangeliorum (SS.) versio syriaca Philoxeniana, cum interpr. et annotationibus J. White. *Oxonii*, 1768, in-4. *cart.*

65. Forbesii (Joh.) a Corse Opera omnia (theologica). *Amst.*, 1703, 2 vol. in-fol. *br.*

66. Fragosi (B.) Regimen reipublicæ christianæ. *Coloniæ Allobrogum*, 1737, 3 vol. in-fol. *br.*

67. Freuz (R. des), Brièv̀e responsе aux quatre exécrables articles contre la saincte messe, publiez à la foyre de Guybray 1560. *Paris*, 1561, in-8. *cart.*

68. Gaches (R.), de l'Imposition des mains, sermon, etc. *Charenton*, 1658, in-8. *cart.* — Benoist (E.), Mélanges de remarques sur les deux dissertations de Toland. *Delft*, 1712, in-8. *v.*

69. Gerson, de Imitatione Christi et de meditatione cordis. *Paris.*, 1492, in-8. *demi-rel.*

70. Godefridi Præstantissimæ homiliæ, ed. B. Pez. *Augustæ Vindel.*, 1725, 2 vol. in-fol. *br.*
71. Gomari (F.) Davidis lyra seu nova hebræa S. Scripturæ ars poetica. *Lugd. Bat.*, 1637, in-4. *d. r.*
72. Gonthery, Copie d'une lettre au roi sur la conversion d'une dame de la religion prétendue réformée à la foy catholique. *Paris*, 1609, in-12. *cart.*
Taché.
73. Grand (le) miracle nouvellement arrivé au temple de Charenton. *Paris*, 1633, in-8. *cart.*
Taché.
74. Grant (le) examen de conscience très utille pour le salut de l'ame, *imprimé pour Jehan Trepperel.* in-4. *goth. cart.*
Les feuillets 84 *et* 85 *tiennent l'un à l'autre.*
75. Guidetti (J.) Directorium chori ad usum ecclesiarum etc., ed. Fr. Pelichiari. *Romæ*, 1737, in-4. *br.*
76. Guitton (M.), la Dette du ministère et l'attention aux verges de Dieu, Sermons, etc. *Rotter.*, 1721, in-8. *cart.*
77. Havermans (M.), Tyrocinium theologiæ moralis ad mentem SS. Patrum præsertim Sti. Augustini. *Bruxellis*, 1702, in-8. *br.*
78. Henin de Cuvillers, La morale chrétienne vengée. *Paris*, 1821, in-8. *br.*
79. Hesler, Vera ecclesiæ doctrina de baptismo christi. *Traj. ad Rh.*, 1763, in-8. *br.*
80. Hervet, Deux epistres aux ministres prédicans et supposts de la congrégation et nouvelle eglise de ceux qui s'appellent fidèles et croyans à la parole. *Paris*, 1561, in-8. *cart.*
81. Hervet (G.), Discours sur ce que les pilleurs, voleurs et brûleurs d'église disent qu'ils n'en veulent qu'aux prestres. *Paris*, 1563, in-8. *cart.*
82. Homelies du bréviaire avec les leçons des festes des saints. *Paris*, 1640, 2 vol. in-8. *m. r. d. s. t.*
83. Homélies morales sur les évangiles de tous les dimanches de l'année. *Lyon*, 1685, 4 vol. in-8.
84. Houdry (V.), Bibliothèque des prédicateurs : morale chrétienne, mystères, panégyriques et Table, suppl. 1 et 2. *Lyon*, 1712, 18 vol. in-4. *v. br.*
85. Huber (Mlle.), Lettres sur la religion essentielle à

à l'homme. — Système des ames séparées du corps. *Londres*, 1756, 8 vol. in-8. rel. en 4. *v. f, fil. d. s. t.*

86. Hugenholtz, de cap. sexto Epistolæ Pauli ad Romanos. *Traj. ad Rh.*, 1821, in-8. *br.*

87. Hugo (Herm.), Pieux désirs, imités du latin par P. Jurisc., mis en lumière par Boece a Bolswert. *Paris*, 1627, in-8. fig. *mar. r. à compart.* d. s. t. *ancienne reliure.*

Piq. de vers.

88. Hugonis de S. Charo (card.), Opera. *Lugdu i*, 1645, 8 vol. in-fol. *v. br.*

89. Ignatii (Sti.) martyris Epistolæ, gr. lat., ed. Mastræo. *Paris.*, 1608, in-8. *rel.*

90. Jarrige, cy devant jésuite, Déclaration prononcée dans le temple de l'église françoise de Leide. *Leide*, 1648, in-12. *cart.*

91. Jean (S.) de la Croix, Œuvres spirituelles pour acheminer les ames à la parfaite union avec Dieu, trad. par Gautier. *Paris*, 1621, in-8.

92. Jean de la Croix, Nuict obscure de l'ame et vive flamme d'amour. 1627. — Cantique d'amour divin entre J.-C. et l'ame dévote. 1622, in-8.

93. Joannes Chrysostomus in Genesim, de Christianâ benignitate, de principatu, gr. lat. *Paris*, 1594. — Geometræ hymni in B. Deiparam, gr. lat. 1591. — P. Michaelis Poematium dramaticum continens musarum et fortunæ quarimoniam, gr. lat. ed. Morello. *Lutet.*, 1593, in-8.

Editio princeps.

94. Joannis Chrysostomi Panegyrici tractatus sanctis apostolis etc. dicti, gr. et lat. opera Frontonis Ducœi. *Burdigalæ*, 1601, in-8.

95. Joseph de Paris, De la perfection séraphique ou du bonheur admirable des serviteurs de J.-C. *Paris*, 1624, in-8. *parch.*

96. Junii (J.) Refutatio prælectionum theologicarum F. Socini. — Examen responsionis F. Socini de divinitate filii dei et spiritus sancti. *Amst.*, 1628, 1647, 2 vol. in-8.

97. Kamperger (Fr. A.), Questiones et responsa theolo-

gica de deo uno et trino, de angelis, de beatitudine. *Eystadii*, 1705, in-fol. *br.*

98. Kiesling (J. R.), de Legibus Mosaïcis circa sacerdotes vitio corporis laborantes. *Lips.*, 1755, in-8. *br.*

99. Kochii (C. N.) Comment. de legationibus ecclesiasticis veterum christianorum. *Ienæ*, 1750. — Das testament derer XII patriarchen. *Hamburg.*, 1713, in-8.

100. Kogl (R.), Spiritus Sti. Chrysostomi. *Aug. Vind.*, 1776, in-8. *d. r.*

101. Krisper (Cr.), Theologia scholæ scotisticæ. *Aug. Vind.*, 1748, 4 vol. in-fol. *br.*

102. Lachau (N. de), L'arbre de probation planté devant la tente d'Abraham : Gen. 18, duquel on tire les houssines pour redresser les errans au droict sentier de la vérité. *Paris*, 1618, in-8.

103. Lancilotti (H.), Hœreticum *quare* per catholicum *quia*. — Paralleli Augustini catholici et augustinomastigis hœretici. *Gandavi*, 1619, in-8.

104. Langlès, Rituel des Tatars-Mantchoux. *Paris*, 1804, in-4. *cart.*

105. Laurentii (J.) Fabula papistica infernalis tripartita. *Amstel.*, 1632, in-4. *vél.*

106. Leclerc (N. F.) de Beauberon, de Homine lapso et reparato. *Luxemburgi*, 1777, 2 vol. in-8. *br.*

107. Le Contat, Exercices spirituels pour les supérieurs des familles religieuses. *Paris*, 1668, in-8. — Lion (Cl.), Conférences morales sur les mystères de N. S. J.-C., et sur les plus importantes vérités de la religion chrétienne. *Paris*, 1691, 2 part. rel. en 1 vol. in-8.

108. Lemoyne, Témoins de la résurrection de J.-C., examinés et jugés suivant les règles du barreau. *La Haye*, 1732, in-8.

109. Leonis magni, Petri Chrysologi, etc. opera. *Parisiis*, 1671, in-fol. *br.*

110. Léon (St.), pape, Sermons, trad. en franç. *Paris*, 1698, in-8. — Leroux, Concordia quatuor Evangelistarum. *Paris.*, in-8.

111. Leroy (L.), Des troubles et différents advenans entre les hommes par la diversité des religions. *Paris*, 1567, in-8. *dem.-rel.*

112. Lettre de M. le duc de Bouillon touchant sa conversion à la foy catholique, apostolique et romaine. 1638, in-8. *cart.*

113. Lettre sur les immodesties et les profanations qui se commettent dans les églises. *Paris,* 1713, in-12. *cart.* (*Un feuillet endommagé*).

114. Lettres sur le cas de conscience de Rheims. 1743, in-12. *v. br.*

115. Leusden (J.) Clavis hebraica veteris testamenti. *Traj.*, 1688, in-4. *dem. rel.*

116. Lindan (G.) remontrance adressée aux prélats de l'église gallicane touchant la pacification du schisme et de la réformation des meurs, trad. par J. de Lavardin. *Paris*, 1572, in-8. *cart.*

117. Lingende, Sermons sur les évangiles du caresme. *Paris,* 1666, 2 vol. in-8.

118. Liturgia romana vetus, ed. L. Ant. Muratorio. *Venetiis*, 1748, 2 vol. in-fol. *br.*

119. Lohner (P. T.), Bibliotheca manualis concionaoria. *Venet.*, 1787, 7 vol. in-4. *broc.* — Instructio practica de munere concionandi et exhortandi, et cathechizandi. *Venet.*, 1784, in-4. *br.*

120. Loryot, Paralleles de l'amour divin et humain. *Paris,* 1620, in-8. *parch.*

121. Ludolf, Le grant vita Christi translaté de latin en françois, par Guill. Le Menant. *Paris pour Anthoine Verard* (vers 1490), 2 vol. in-fol. *v. br.*

122. Ludolf, Le grant vita Christi, translaté de latin en françois par Guill. Le Menand. *Paris pour Berthelemy Verard* (vers 1490), 2 vol. in-fol. *v. br.*

123. Lupi (C.), divinum ac immobile Sti.-Petri circa fidelium ad romanum ejus cathedram appellationes adversum profanas novitates assertum privilegium. *Mog.*, 1681, in-4. *piqué de vers.*

124. Mabillonii vetera analecta. *Luteciæ*, 1675, 3 vol. in-8.

125. Maffei (Sc.), Animadversiones in historiam theologicam dogmatum et opinionum de Divina Gratia. *Francof.*, 1749, in-4. *broc.*

126. Mahometis Alcorani textus universus, arab. et lat., cum prodromo et notis L. Maraccii. *Patavii*, 1698, in-fol. *vél.*

2

127. Muhammedis al-coranus sive lex islamitica, arab. ed. Hinckelmanno. *Hamb.*, 1694, in-4. *vél.*

128. Maillardi (Oliv.) Sermones de adventu. 1500, in-8. *Gothique.*

129. Malebranche, Varignon et autres, Recueil de pièces fugitives (sur l'eucharistie). *Genève*, 1747, in-8.

130. Manni, Les quatre éternités : à scavoir, de l'ame, du corps, du paradis et de l'enfer. *Paris*, 1688, in-12. *cart., piqué de vers.*

131. Marca (P. de), dissertationes tres, ed. Steph. Baluzio. *Parisiis*, 1669, in-8.

132. Maria (de) Magalena triduo christi et una ex tribus maria disceptatio. *Parisiis, Henr. Stephanus*, 1519, in-4. *br.*

133. Marini (M.) annotationes litterales in psalmos, ed. J. A. Mingarello. *Bononiæ*, 1748, 3 vol. in-4. *br. en* 2 vol.

134. Martianay, Méthode sacrée pour apprendre à expliquer l'écriture par l'écriture même; Genèse. *Paris*, 1716, in-8. — Méditations chrétiennes, sur les évangiles de tous les jours de l'année. *Paris*, 1785, in-4. *br.*

135. Martyrologium Parisiense. *Parisiis*, 1727, in-4.

136. Marulli (M.) opera omnia. *Antver.*, 1601, 2 tom. 1 vol. in-8. *parch.*

137. Mascarenhas (F. M.) tractatus de auxiliis divinæ gratiæ ad actus supernaturales. *Lugd.*, 1605, in-8.

138. Meisneri philosophia sobria hoc est pia controversia quæstionum theologicarum in controversis theologicis. *Giessæ*, 1615, in-8.

139. Menoti (M.) sermones quadragesimales. *Paris*, 1526, in-8. *gothique*; (*le dernier feuillet est endommagé*).

141. Metelerkamp, vestigia doctrinæ de immortalitate animorum in libris vet. instrumenti obvia. *Harder.*, 1799, in-8. *br.*

142. Meyer (J.) tractatus de temporibus sacris et festis diebus hebræorum, accedit volumen de jejunio. *Amstel.*, 1724 in-4.

143. Millitiere (de la), Prières sur toutes les parties de la saincte messe. *Paris*, 1648, in-8. *cart.*

144. Ministrorum verbi apud constanciam ad P. Ant.

Pyratum vicarium FF. Dominicalicum epistola, quam tergiversator ille per duos honestos viros ad se missam accipere noluit, ne vel respondere vel erubescere cogeretur. 1524, in-8. *dem. rel.*

145. Missale chaldaicum juxta ritum ecclesiæ maronitarum. *Romæ*, 1594, pet. in-fol. fig. en bois. (*mouillé et piqué de vers*).

146. Molé (A.), Récit véritable d'un grand nombre d'hérétiques convertis à la foy catholique. *Paris*, 1624, — Epitre au roy, faicte par Descomel sur le subiet de sa conversion à la religion catholicque. 1622, in-8. *cart.*

147. Moleon (de), Voyages liturgiques de France. *Paris*, 1718, in-8.

148. Moquot (E.), Censure des bibles huguenotes. *Paris*, 1617, in-8.

149. Morigny, Exposition de la véritable doctrine de S. Thomas et de S. Bernard, au sujet de l'immaculée conception. *Caen*, 1680, in-12. *cart.*

150. Mornayi (Ph.) Mysterium iniquitatis seu historia Papatus. *Salmurii*, 1612, in-8. *vél.*

151. Mose's Principia. 1727, 2 vol. — Sine principio. 1729, 1 vol. — New account of the confusion of tongues. 1731, 1 vol. — Covenant in the cherubim. 1734, 1 vol. — Religion of satan. 1736: Use of reason recovered by the data in christianity. 1736, 1 vol. les 7 vol. *rel.* en 6 vol. in-8.

152. Mosheim, Elementa theologiæ dogmaticæ. *Norimbergæ*, 1781, 2 tom. en un vol. in-8. *dem. rel.*

153. Mystères du christianisme approfondis radicalement et reconnus physiquement vrais. *Londres*, 1771, 2 vol. in-8. *v. fil.*

154. Nerveze (A. de), Exercice dévot de la courtisanne, repentie à l'imitation de la Magdalene. *Paris*, 1606, in-12. *dem. rel.*

155. Odæ gnosticæ Salomoni tributæ thebaice et lat. ed. Munter. *Hauniæ*, 1812, in-4.

156. Œcolampadii annotationes piæ ac doctæ in evangelium Joannis. *Basileæ*, 1533, petit in-8. (*mouillé*).

157. Oertelii (J. G.), Theologia Æthiopum. *Vittemb.*, 1746, in-8.

158. Office de la V. Marie, suivant la réformation du concile de Trente, ensemble la manière de méditer la passion de N. S. J. C. à la sainte messe, enrichie de tableaux et des exercices de dévotion, trad. de Canisius. *Metz*, 1668, in-8. fig.

159. Onomasticon sacrum, auct. Monaco Cisterciensi. *Romæ*, 1764, in-8. *br*.

160. Oratio dominica CL linguis versa, ed. J. J. Marcel. *Parisiis*, *Typ. Imp.*, 1805, in-4. *cart*.

161. Origenis hexapla, ed. Bern. de Montfaucon. *Parisiis*, 1714, 2 vol. in-fol. *br*.

162. Pacifique (le) à MM. les évesques et curez, pour les religieux. *Paris*, 1630, in-8. *cart*.

163. Paley (W.), Horæ Paulinæ, ou vérité de l'histoire de St. Paul. *Nismes*, 1809, in-8. *br*.

164. Paliures (J. de): Happelourde des ministres et apostats, touchant l'abjuration de deux prétendus religieux cordeliers de la ville et convent de Tolose. *Paris*, 1607. — Novvelle et admirable conversion de deux mil huguenots et de trois ministres alemans. 1611, in-8. *cart*.

165. Pascal, Provinciales, en françois, latin, espagnol et italien. *Cologne*, 1684, in-8. *v. br*

166. Pasoris (G.), Lexicon græco-latinum in nov. D. N. J. C. testamentum. *Lipsiæ*, 1702, in-8.

167. Paulini opera. *Antverpiæ*, 1622, in-8.

168. Pensées libres sur la religion, l'église et le bonheur de la nation (par Mandeville), trad. de l'angl. (par Van Effen). *Lahaye*, 1723, 2 tom. en 1 vol. in-8. *v*.

169. Pepin (G), Opus insigne de adventu domini, de secretis secretorum nuncupatum. *Parisiis*, 1537, in-8. *gothique*.

170. Perard (J.), Tapisserie spirituelle en laquelle sont représentées plusieurs personnes de diverses conditions. *Paris*, 1638, in-8.

171. Pereira (A.), Anonimi romani qui de primatu papæ nuper scripsit vana religio et malafides, hoc est defensio tentaminis theologici de auctoritate episcoporum tempore scissuræ. *Olisipone*, 1770, in-4. *br*. — A. Pereiræ dissertatio de gestis ac scriptis Gregorii VII adversus Henricum IV imperatorem. *Olisipone*, 1769, in-4. *br*.

172. Perigaud (J.), Theosophia sive liber sapientiæ paraphrasi heroica. *Augustoriti Pietonum*, 1681, in-8.

173. Petit (S.), Traduction du traité touchant la réunion des chrestiens. 1670, in-12. *cart.*— Profession de la foy catholique, extraite du concile de Trente, avec les preuves par l'écriture sainte. *Chalons*, 1668, in-8. *cart.*

174. Petri (S.) Damiani opera omnia, ed. Cajetano. *Bassani*, 1783, 4 vol. in-4. *br.*

175. Philipps (Th.), Dissertatio de atheismo sive historia atheismi. *Londini*, 1716, in-8. *br.*

176. Philippy (M.), Directorium conscientiæ circa difficiliores casus. *Brux.*, 1674, in-8.

177. Philonis Judæi lucubrationes omnes nunc primum latinæ ex græcis factæ per S. Gelenium. *Lugduni*, 1555, in-8.

178. Pictet (B.), Sermon sur les illusions et la malice du cœur humain. *Genève*, 1706. — sur les défauts des chrétiens dans leurs prières. 1707, in-8. — Mestrezat (J.), Sermon sur le pseaume XXI, fait à la majorité du roy. *Charenton*, 1651, in-8. *cart.*

179. Pièces détachées relatives au clergé séculier et régulier. *Amst.*, 1771, 3 vol. in-8.

180. Plantavit (Jo.), Plantavitis seu thesaurus synonymicus hebraico-chaldaico-rabbinicus. *Lodovæ*, 1644, in-fol. *mar. r. fil.*

180. *bis.* Platonisme dévoilé ou essai touchant le verbe platonicien (par Souverain). *Cologne*, 1700, in-8.

181. Pollot (L.), Dialogues contre la pluralité des religions et de l'athéisme. *Larochelle*, 1595, in-8.

182. Pontificale romanum. *Bruxellis*, 3 vol. in-8. *br.*

183. Precationes e sacris bibliis desumptæ ac in linguæ hebraica, græca et latina in enchiridii formulam redactæ. *Parisiis*, 1554, pet. in-8.

184. Precordiale sacerdotum. *Basileæ*, 1489, pet. in-8. *br. rogné.*

185. Prières chrétiennes en forme de méditations sur tous les mystères de N. S., de la Ste. Vierge et sur les dimanches et fêtes de l'année. *Paris*, 1728, 2 vol. in-12. *mar. cit. fil. d. s. t.*

186. Prisciani opera minora, ed. Fr. Lindemanno. *Lugd. Bat.*, 1818, in-8. *br.*

187. Prosperi (S.) Aquitani opera omnia. — Asterii (S.) Homiliæ. *Bassani*, 1782, 2 vol. in-4. *br.*

188. Protevangelion sive de natalibus Jesu Christi et ipsius matris Virginis Mariæ sermo historicus D. Jacobi minoris 1. *Basileæ*, 1552, in-8. *cart.*

189. Psalterium Æthiopicum. in-4. *br.*

190. Pucelle (G.), Approbation de la saincte messe et des cérémonies de la saincte église catholique, tirée tant des escrits de Calvin, Th. de Beze, que autres sectateurs de nostre temps, *Paris*, 1517, in-8. *cart.*

191. Puritanismus anglicanus sive præcipua dogmata eorum qui inter vulgo dictos puritanos in Anglia rigidiores habentur. *Francof.*, 1610, in-8.

192. Raconis (A. de), Resveil-matin catholique aux desvoyez de la foy. *Caen*, 1613, in-8.

193. Ramirez (L.) de Prado, Pentecontarchus sive liber.... quibus varia sacrorum scriptorum loca explicantur, ed. Fabricio. *Hamb.*, 1712, in-8.

194. Ray, l'Existence et la sagesse de Dieu manifestées dans les œuvres de la création. *Utrecht*, 1729, in-8. *br.* — Réflexions chrétiennes sur les livres historiques de l'ancien testament, par Mme Le Guerchois. *Paris*, 1773, in-12. *br.*

195. Recueil des marques de la vraye église de J. C., par lesquelles on peult aisément cognoistre et discerner l'église saincte et catholique de celle des malins. *Anvers*, 1565, in-8. *cart.*

196. Recueil des miracles advenus en la chapelle de Nostre Dame des Ardilliers. *Saumur*, in-8. *cart. mouillé.*

197. Reginonis : de ecclesiasticis disciplinis et religione christiana, ed. St. Baluzio. *Parisiis*, 1671, in-8. *une piqûre de vers.*

198. Relandi de religione mohamedica. *Trajecti ad Rhenum*, 1717, in-8.

199. Reland, La religion des mahométans, exposée par leurs propres docteurs. *La Haye*, 1721, in-12. *v. f. fil. d. s. t.*

200. Reliquiæ syræ, à M. L. Fabricio. *Wittebergæ*, 1613. — Epistola S. Pauli ad Rom. lingua syriaca,

ed. M. Chr. Crinesio. *Wittebergæ*, 1612, in-4. *parch.*

201. Religion des hollandois. *Cologne*, 1673, pet. in-12. *v. br.*

202. Renversement de la morale chrétienne par les désordres du monachisme (*Hollande*). in-4. fig. *vél.*

203. Réponse apologétique au clergé de France, sur les actes de l'assemblée de 1682, touchant la religion, (par de la Bastide). *Amst.*, 1683, in-12. *cart.*

204. Réponse à l'avertissement qui précède la lettre du P. Bouhours, au sujet du péché philosophique. 1690, in-12. *cart.*

205. Reproche (le) extravagant où l'on fait voir qu'on ne peut sans folie reprocher au Pape la ruine de la religion catholique en Angleterre. *Cologne, P. Marteau*, 1689, in-12. *cart.*

206. Révélations de l'hermite solitaire sur l'estat de la France. *Paris*, in-8.

207. Riccii (B.) Vita D. N. Jesu Christi. *Romæ*, 1607, in-8. fig. *vél. dos de mout.*

208. Ripaut, Divine naissance, enfance et progrez admirable de l'ame au saint amour de Jésus et de Marie. *Paris*, 1631, in-8. *le titre manque.*

209. Robbe (J.) Tractatus de gratia dei. *Parisiis*, 1780, 2 vol. in-8. *br.*

210. Roordae (F.) Commentarii in aliquot Jeremiæ loca. *Gron.*, 1824, in-8. *cart.*

211. Roscii (J.) Opera misericordiæ ad corpus pertinentia. (*Voy.* Principum et regum polonorum imagines, *Histoire étrangère*).

212. Rosenmuller : Vocabularium Vet. Testamenti hebræo-chaldaicum. *Halœ*, 1827, in-8.

213. Rossel, Témoignage des protestans en faveur de la religion catholique *Paris*, 1671, in-8.

214. Rossi (B.de). de hebraicæ typographiæ origine ac primitiis. *Erlan.*, 1778, in-8. *d. r.*

215. Sainctes (de), Liturgiæ sive missæ sanctorum patrum. *Antuer.*, 1562, in-8.

216. S. Jure, Livre des élus, J. C. en croix. *Paris*, 1663, in-8.

217. Sale (G.), Observations historiques et critiques sur le mahométisme. *Genève*, 1751, in-8.

218. Sales (St. François de), Esprit recueilli de divers écrits de Camus, évèque de Belley. *Lyon*, 1816, in-8.

219. Sandis (E.), Relation de l'estat de la religion et par quels desseins et artifices, elle a été forgée et gouvernée en divers états, etc. trad. de l'angl. *Genève*, 1626, in-8.

220. Saracenica sive moamethica, gr. et lat., opera, Fr. Sylburgii. 1595, in-8. *piq. de vers.*

220. *bis.* Sarrau (J.), La main et la bouche du communiant, sermon de la cérémonie à reçevoir le sacrement. *Bergerac*, 1666, in-8. *cart.*

221. Saurin (J.), Etat du christianisme en France. *La Haye*, 1725, in-8. *cart.* — Soulier, Statistique des églises réformées de France. *Paris*, 1828, in-8. *br.*

222. Scacchi, Sacrorum elæochrismatων myrothecium sacro prophanum. *Romæ*, 1625, 2 vol. in-4. *bas.*

223. Scheffmacker, Lettres d'un docteur allemand de l'université catholique de Strasbourg à un gentilhomme protestant. *Strasb.*, 1748, 2 vol. in-4. *bas.*

224. Scheidii (E.) Dissertatio ad canticum Hiskiae, Ies. XXXVIII. *Lugd. Bat.*, 1769, in-8. *br.*

225. Schema introductionis in universam theologiam christiano-catholicam. 1778, in-4. *br.* (*quelques mouillures*). — Schacht (J. H.). Oratio qua demonstratur rationem sanam haud intercedere, quo minus religionis christianæ mysteriis fidem habeamus. *Traj. ad Rhen.*, 1766, in-4. *br.*

226. Schmidii (Er.), Novi testamenti græci Tameion aliis concordantiæ. *Gothæ*, 1717, in-fol. *dem. rel.*

227. Schoppius Francus (G.) de sua ad orthodoxos migratione et de veritate interpretationis et sententiæ catholicæ in ambiguis scripturarum locis et controversis fidei capitibus. *Ingolstadii*, 1600, in-8. *dem. rel*

228. Schultes (J.) Tractatus de fide hereticis religiose servanda. *Francof.*, 1652, in-8. *cart.*

229. Sentimens d'Erasme conformes à ceux de l'église catholique sur tous les points controversés. *Cologne*, 1688, in-8.

230. Sherlock, De l'immortalité de l'ame et de la vie éternelle, trad. de l'angl. *Amst.*, 1735, in-8. *br.* —

Sherlock, sur la Providence. 1721. — Préservatif contre le papisme. 1721, in-8. *vél.* — Sherlock (G.), Sermons sur divers textes de l'écriture sainte, trad. par de Joncourt. *La Haye*, 1723, 2 vol. in-8.

231. Simon (Rich.). 7 vol. in-4. et in-8.

Histoire critique du vieux testament. *Rott.*, 1685, in-4. *v. br.* — Sentimens de quelques théologiens de Hollande, sur l'histoire critique de V. T. (par J. Leclerc). *Amst.*, 1685, in-8. *v. br.* — Réponse aux sentimens de quelques théologiens de Hollande, sur l'histoire critique du V. T. *Rott.*, 1686. — Lettre touchant l'inspiration des livres saints. *Rotterd.*, 1687. — Opuscula critica adversus Is. Vossium. *Edinburgi*, 1685. — H. Lecamus, Judicium de nupera Is. Vossii ad iteratas Simonii objectiones responsione. *Edinburgi*, 1685. — Réponse du P. Ambroise, à l'histoire critique du V. T. *Rotterd.*, 1685, 1 vol. in-4. *v. br.* — Défense des sentimens de quelques théologiens (par J. Leclerc). *Amst.*, 1686, in-8. *v. br.* — Histoire critique du texte du nouveau testament. *Rotterdam*, 1689, in-4. *v. br.* — Histoire critique des versions du nouveau testament. *Rotterd.*, 1690, in-4. *v. br.* — Nouvelles observations sur le texte et les versions du nouv. testament. *Paris*, 1695, in-4.

232. Sirmondi (J.), Opera varia. *Parisiis*, 1696, 5 vol. in-fol. *Ch. mag. v. fil.* (*aux armes.*)

233. Smith de græcæ ecclesiæ hodierno statu. — Inscriptiones græcæ Palmyrænorum. *Traj. ad R.*, 1698, in-8.

234. Spencer (J.) de legibus hebræorum ritualibus et earum rationibus. *Lipsiæ*, 1705, in-4.

235. Swedenborg (Emm.), Du commerce de l'ame et du corps, trad. par Parraud. in-12. — Swedenborg, Exposition sommaire de la doctrine de la nouvelle église. in-8. *br.* — Swedenborg (Emm.), Merveilles du ciel et de l'enfer. 2 vol. in-8. *br.* — Swedenborg (Emm.). Sagesse angélique sur l'amour divin. 2 vol. in-8. *br.*

236. Sylvii (F.) opera. *Antverpiæ*, 1698, 6 vol. in-fol. *v. br.*

237. Synodicon ecclesiæ parisiensis. *Parisiis*, 1674, in-8.

238. Tatiani Alexandrini harmoniæ evangelicæ versio Theotisca et Isidori hispalensis de nativitate domini passione et resurectione libri eadem lingua conversi fragmentum, ed. J. Phil. Palthenio. *Gryphiswaldiæ*, 1706, in-4.

239. Testamentum (novum) græcum. *Parisiis, Typ. Reg.*, 1642, in-fol.

240. Testamentum (novum), gr. *Londini*, 1653, in-4. *mar. r. à compart. d. s. t.*

241. Testament (le nouveau) de N. S. J. C., trad. en franç. *Mons*, 1672, in-12. *mar. n. d. s. t. fers à froid.*

242. Testamento (il nuovo), tradotto in lingua toscana nuovamente coretto dal Padre Zaccheria. *Venetia*, 1536, in-8.

243. Thaulere institutions, trad. en franç. *Paris*, 1665, in-8. — Traité de la virginité. *Paris*, 1699, in-8.

244. Themistii orationes, ed. J. Harduino. *Parisiis, Typ. Reg.*, 1684, in-fol. *ch. mag. mar. r.* (*plusieurs feuillets sont en petit papier*).

245. Thérèse (Ste.), Le chemin de perfection, trad. par Chanut. *Paris*, 1690, in-8.

246, Thomæ Aquinatis opera. *Romæ*, 1570, 17 tom. en 12 vol. in-fol. *v. br. rel. fatiguée.*

247. Theodoretus, de providentia, gr. lat. *Paris.*, 1633, in-8.

248. Théologie germanicque, livret auquel est traité comment il faut dépouiller le vieil homme et vestir le nouveau (trad. en franç. par Castalion). *Anvers*, 1558, in-8. *parc.*—Théologie morale des jésuites et nouveaux casuistes représentée par leur pratique et par leurs livres. *Cologne*, 1667, in-8.

249. Theophili divina incentiva piorum affectuum. *Aug. Pict.*, 1610, in-8. *vél.*

250. Thiebault, Homelies sur les évangiles des dimanches et principales fêtes. *Metz*, 1762, 4 vol. pet. in-8. *br.* — Thiebault, Explication littérale des évangiles des dimanches et fêtes. *Metz*, 1776, 4 vol. pet. in-8. *bas.*

251. Tolandi (J.) Adeisidæmon sive Titus Livius à superstitione vindicatus. *Hagæ comitis*, 1709. — Fayi, Defenslo religionis contra duas dissertationes J. Tolandi. *Ultrajecti*, 1709, in-8.

252. Tournely, Prœlectiones theologicæ de incarnatione verbi divini. *Parisiis*, 1727, in-8.

253. Thomassin (L.), Traité des festes de l'église. *Paris*, 1697, in-8. *v. f. tr. d.* — Traité de la lecture de

l'écriture sainte, avec une dissertation de l'interprète de l'écriture sainte, par l'évêque de Castorie, trad. (par Leroy, abbé de Hautefontaine). *Cologne*, 1680, in-8.

254. Traité de l'état honnête des chrestiens en leur accoutrement. *Genève*, 1580. — Tertullien, Des parures, habits et accoustremens des femmes chrestiennes. — Cyprien, Discipline et habits des filles. 1582, in-8. *piqué de vers.*

255. Tychsen (N. O. G.), De variis codicum hebraicorum vet. Testam. manusc., a Judæis et non Judæis descriptis. *Rost.*, 1772, in-8. *d. r.*

256. Ursini, Analecta sacra, ed. H. Maio. *Francofurti*, 1713, 2 vol. in-8.

257. Vallée (R. de la) Hipparque, Du religieux marchand, dispute entre Mediastin et Timothée, scavoir, quelle sorte de négociation répugne à l'estat religieux, trad. en franç. 1645, in-8. *parch.*

258. Vaninus (C.), De admirandis naturæ reginæ deæque mortalium arcanis. *Lutetiæ*, 1616, in-8. — Vanini (C.), Amphitheatrum æternæ providentiæ divino magicum, christiano physicum nec non astrologo-catholicum. *Lugduni*, 1615, in-8. — Apologia pro J. C. Vanino, (auctore P. Frid. Arpe). *Cosmopol.*, 1712, in-8. *cart.*

259. Verschuirius, Opuscula in quibus de variis S. litterarum locis et argumentis exinde desumtis, critice et libere disseritur, ed. F. A. Lotze. *Traj. ad Rhenum*, 1810, in-8. *br.*

260. Versio alemanica et saxonica symboli apostoli cum breviario belli Caroli Magni adversus saxones. *Martisb.*, 1749, in-4. *br.*

261. Vie réglée des dames qui veulent se sanctifier dans le monde. *Paris*, 1693, in-12. *mar. r. à comp. d. s. t.*

262. Villeneuve, Lettre à la duchesse de la Tremouille, pour lui déclarer les motifs qui l'ont porté à abjurer la religion prétendue réformée. *Paris*, 1630, in-8. *cart.*

263. Vossius, de controversiis quas Pelagius ejusque reliquiæ moverunt. *Amst.*, 1655, in-4.

264. Vollii (N. C.), Ecclesia pharisaica et christiana. *Alt.*, 1730, in-8. — Voyerii institutio ecclesiastica. *Paris.*, 1622, in-8. *cart.*

265. Zur Linden (G.), De jejuniis et religionis sacris cerimoniis. *Jenæ*, 1732, in-8. *d. r.*

Voir aussi : *Droit ecclésiastique*, *Histoire ecclésiastique.*

JURISPRUDENCE.

Droit de la nature et des gens. — Droit civil et criminel.

266. Achenwall (G.), Jus naturæ. *Gottingæ*, 1758, in-8. *br.*—F. de Cocq, de Jure, Justicia et annexis. *Bruxellis*, 1708, in-4. *v. br.*
267. Argentré (D'), Commentarii in consuetudines Britanniæ. *Parisiis*, 1621, in-fol. *v. br.*
268. Argentré (D'), Commentarii in consuetudines Britanniæ. *Parisiis*, 1661, in-fol. *vél.*
269. Arrest de réglement recueillis et mis en ordre par L. Fr. de Jouy. *Paris*, 1752, in-4. — Arrêts notables rendus par le parlement de Provence. *Aix*, 1746, in-4. *bas.*
270. Arrests du parlement de 1580 à 1621, colligez et receuillis par J. de Montholon. *Paris*, 1623, in-4. *parch.*
271. Arrêt du parlement qui condamne à être brulé le mémoire justificatif pour trois hommes condamnés à la roue. *Paris*, 1786, in-4. *br.*
272. Auctores finium regundorum, cum notis N. Rigaltii. *Lutetiæ*, 1614, in-4. *v.*
273. Auger, Traité sur les tailles et les tribunaux qui connoissent de cette imposition. *Paris*, 1788, 3 vol. in-4. *v.*
274. Ant. Augustini de legibus et senatusconsultis liber cum notis Fulvii Ursini. *Parisiis*, 1584.— Codicis legum Wisigothorum libri. *Paris.*, 1579, in-fol.
275. Auzanet, Œuvres. *Paris*, 1708, in-fol. *v. br.*
276. Averanii interpretationum juris libri. *Lugd.*, 1751, 2 vol. in-4. *br.*

277. Ayrer (G. H.), Opuscula varii argumenti, ed. J. H. Jungio. *Gottingœ*, 1746, in 8. 2 tom. *br.* en 1 vol. — Ayrer (G. H.), de collisio protestationum circa quæstionem : Quis sit caput legitimum ordinis aurei velleris? *Gottingœ*, 1749, in-4. *br.* — G. H. Ayreri, Specimen politico-juridicum de gynæcocratia tutelari viduarum illustrium. *Gottingœ*, 1746, in-4. pars. prima, *br.*

278. Bachovii (R.), Tractatus de obligationibus. *Francof.*, 1657, in-4. *v. br.*

279. Balduini (F.) ad Leges de Jure Civili, Voconsam, Falcidiam, Juliam papiam, Poppæam, Rhodiam, Aquiliam commentarii, cum præfatione Gundlingii. *Halœ*, 1730, in-8. — Balduini (F.), Commentarius de jurisprudentia Muciana cum prefatione Gundlingii. *Halœ*, 1729, in-8.

280. Ballet, Conférences sur les ordonnances, les principes du droit romain et la jurisprudence des arrêts du conseil souverain d'Alsace. *Colmar*, 1788, in-8.

281. Baquet, Œuvres, augm. par de Ferrières. *Lyon*, 1744, 2 vol. in-fol.

282. Bardet, Recueil d'arrêts du parlement de Paris avec notes de Berroyer. *Paris*, 1690, 2 vol. in-fol. *v. br.*

283. Beck (C. A.), De novellis Leonis earumque usu et autoritate. *Halœ*, 1779, in-8. *c.*

284. Bergsma (C.) de Matrimonio ejusque solvendi ratione per divortium, ex jure hodierno. *Traj. ad R.*, 1823, in-8. — Bergeri (J. H.) de Matrimonio comprivignorum disquisitio. *Lipsiœ*, 1708, in-4. *br.*

285. Bernardi, Nouvelle théorie des loix civiles. *Paris*, 1801, in-8. *d. r.*

286. Bexon, Développement de la théorie des loix criminelles. *Paris*, 1802, 2 vol. in-8.

287. Biblioteca di gius nautico. *Firenze*, 1785, 2 vol. in-4. *cart.*

288. Blanchard, Compilation chronologique contenant un recueil en abrégé, des ordonnances, edits, etc., des rois de France concernant la justice, la police et les finances. *Paris*, 1715, in fol. *v. br.*

289. Blount (Th.), Law dictionnary. 1670, in-fol. *cart.*

290. Bockh, in Platonis Minoem et libros priores de legibus. *Halis*, 1806, in-8. *br.*

291. Boehmeri (G. L.), Electa juris. *Lemgoviæ*, 1794, 3 vol. in-4. *br.*

292. Boehmeri (G. L.), Principia juris feudalis, præsertim Longobardici quod per Germaniam obtinet, ed. Hoppenstedt. *Goett.*, 1805, in-8. *d. r.*

293. Bondam (P.), Variarum lectionum libri duo. *Zutphaniæ*, 1759, in-8. *br*,

294. Borcholten (J.), In quatuor institutionum juris civilis libros, commentaria. *Genevæ*, 1646, in-4. *v. br.* — Alteserra (A. D.). Expositio in institutiones Justiniani. *Tolosæ*, 1664, in-4.

295. Borel (F.). Formulaire des consulats. *St. Petersbourg*, 1808, in-8. *br.*

296. Bouchaud, Recherches sur la police des Romains concernant les grands chemins, les rues et les marchés. *Paris*, an VIII, in-8. — Bouchaud, commentaire sur la loi des douze tables. *Paris*, 1787, in-4. *dem. rel.*

297. Boutaric, Explication de l'ordonnance de 1731 concernant les donations. *Avignon*, 1744, *bas.* — Bornier, Conférences des ordonnances de Louis XIV. *Paris*, 1755, 2 vol. in-4. *v.* — Furgole, Commentaire sur l'ordonnance de Louis XV sur les substitutions. *Paris*, 1767, in-4. *bas.*

298. Boyve (J. Fr.), Remarques sur les lois et statuts du pays de Vaud. *Neufchatel*, 1776, 2 tom. en 1 vol. in-4. *v.* — Privilèges des suisses, ensemble ceux accordés aux villes impériales et anséatiques et aux habitans de Genève résidens en France. *Paris*, 1731, in-4. *v.*

299. Boyvinet, Recueil des statuts, ordonnances, antiquités, prérogatives et preéminences du royaume de la Bazoche. *Paris*, 1654, in-8. *parch.*

300. Brachylogus juris civilis sive corpus legum paulo post Justinianum conscriptum, ed. D. H. Christ. Senckenberg. *Francof.*, 1743, in-4. *v.*

301. Brencmanni, Historia Pandectarum. *Traj. ad Rh.*, 1722, in-4. *v.*

302. Brissonius (B.) de formulis et populi romani verbis. *Halæ*, 1731, in-fol. *br.*

303. Brissonii (B.) de formulis et solennibus populi romani verbis libri, ed. J. A. Bacchio. *Francofurti*, 1754. in-fol. *vél.*

304. Brissonius, de Verborum significatione, ed. J. Chr. Ittero. *Lipsiæ*, 1721, in-fol. *vél.*

305. Brissonius (B.) de verborum quæ ad jus civile pertinent significatione, edd. Heineccio et Boehmero. *Halæ Magd.*, 1743, 2 vol. in-fol. *br.*

306. Barn. Brissonii, Opera varia. *Paris.*, 1606, in-4. *mout. v.*

307. Brouwer, De jure connubiorum. *Delphis*, 1714, in-4. *vél.*

308. Bruneau, Observations et maximes sur les matières criminelles. *Paris.* 1715, in-4.

309. Brunemanni (J.), Commentarius in codicem Justinianum. *Lugduni*, 1725. — Ejusdem commentarius in Pandectas. *Lugd.*, 1714, in-fol. 4 tom. en 2 vol. *vél.*

310. Brunemanni (J.), Decisionum centuriæ V. *Francof. ad Viadrum*, 1677, in 4. *v. br.*

311. Bugnyon (Ph.), Legum abrogatarum et inusitatarum tractatus. *Bruxellis*, 1702, in-fol.

312. Burlamaqui juris naturalis elementa. *Genevæ*, 1754, in-8. *br.* — F. Buddei, Selecta juris naturæ et gentium. *Halœ*, 1717, in-8.

313. Bynkershoek (C.), Observationes juris romani. *Lugd. Bat.* 2 vol. — Opera minora. *Lugd. Bat.* 1 vol. — Opuscula. *Lugd. Bat.* 1 vol. — Quæstiones juris privati. *Lugd. Bat.* 1 vol. — Quæstiones juris publici. *Lugd. Bat.*, 1 vol. ens. 6 vol. in-4. *dem. rel. dos de mout. rouge.*

314. Bynkershoek, Traité du juge compétent des ambassadeurs, trad. par J. Barbeyrac. *La Haye*, 1723, in-8. *v. br.* — Corn. Bynkershoek, Observationes juris romani. *Lugd. Bat.*, 1710, in-4. *v.*

315. Caldas (Fr. de), Opera omnia juridica. *Coloniæ Allobrogum*, 1745, 7 vol. in-fol. *bas.*

316. Canzii (Eb. Chr.), Tractatio synoptica de probabilitate juridica sive de præsumtione. *Tubingæ*, 1751, in-4. *dem. rel.* — Collecta Archivi et cancellariæ jura, accurante Jac. Wenckero. *Argentorati*, 1715, in-4. *v. br.* — Joan. Copi de fructibus libri quatuor. *Parisiis*, 1535, in-4. *v. br.*

317. Capitulation de l'emp. Charles VII. *Francfort*, 1742, in-4. *parch.* — Capitulation harmonique de

Muldener et concordance des capitulations des empereurs depuis Charles V jusqu'a François Ier. *Paris*, 1750, in-4. *v.*

318. Carerius (Al.), De sponsalilus et matrimoniis. *Francof.*, 1599, in-8. *cart.*

319. Carvalho (J. de), Tractatus de una et altera quarta deducenda vel non legitima, falcidia et trebellianica. *Coloniæ Allobrogum*, 1746, in-fol. *bas.*

320. Casaregis, Discursus legales de commercio. *Floren.*, 1719, 2 tom. en 1 vol. in-fol.

321. Chantereau Lefevre, Traité des fiefs et de leur origine. *Paris*, 1662, in-fol. *bas.*

322. Choppini (R.) de domanio franciæ. *Paris.*, 1621, in-fol. *v. br.*

323. Cyriaci (F. N.) Ducatus Mantuæ sive disquisitio juridica pro Carolo, duce Mantuæ et Montis ferrati, accessit disquisitio in eadem causa conscripta a Fr. Bosio, *Francofurti*, 1629, in-4. *v. br.*

324. Cochet de S. Valier, Traité de l'indult du parlement de Paris. *Paris*, 1747, 3 vol. in-4. *v.*

325. Code criminel de l'emp. Charles V. *Maestricht*, 1779, in-4. *bas.* — Code Frédéric ou corps de droit pour les états du roi de Prusse. 1751, 3 vol. in-8.

326. Code matrimonial, par ***. *Paris*, 1770, 2 vol. in-4. *bas.*

327. Codex fabrianus definitionum forensium et rerum in Sabaudiæ senatu tractatarum. *Francofurti*, 1620, in-fol. — Nic. Fabri, Opuscula. *Parisiis*, 1618, in-4. *parch.*

328. Codex juris gentium diplomaticus, ed. G. G. L. Leibnitz). *Hannoveræ*, 1693, in-fol.

329. Codex juris gentium diplomaticus, ed. G. G. L. (Leibnitz) *Hanoveræ*, 1693. — Ejusdem Leibnitii mantissa codicis juris gentium diplomatici. *Guelferbyti*, 1747, in fol. *dem. rel. dos de vél.*

230. Collection complette des mémoires relatifs au procès du card. de Rohan. *Paris*, 1786, 2 vol. in-4. *bas.*

331. Collection of statutes relating to the admiralty, navy and ships of war and other incidental matters. *London*, 1742, in-4. — De Combes, Recueil de procédures criminelles faites par plusieurs officiaux. *Paris*, 1726, in-4. *v.*

332. Comes juridicus seu compendiarius legum romanarum. *Divione*, 1789, in-8. *br.*
333. Conférence de l'ordonnance de 1669 sur les eaux et forêts. *Paris*, 1752, 2 vol. in-4. *bas.* — J. de Chauffourt, Instruction sur le fait des eaux et forêts. *Rouen*, 1618, in-8. *parch.*
334. Conringii (Herm.). Dissertatio ad legem 1am codicis Theodosiani de studiis liberalibus urbis Romæ et Constantinopolis. *Helmestadii*, 1655, in-4. *parch.*
335. Corps universel diplomatique du droit des gens. 8 vol. — Supplément, 5 vol. — Hist. des traités de paix du XVIIe siècle, 2 vol. — Négociations de Munster et d'Osnabrug. 4 vol. rel. en 2, ensemble 19 vol. in-fol. rel. en 17, *non uniformes.*
336. Corpus juris civilis Justinianei. *Lugd.*, 1612, 6 vol. in-fol.
337. Corpus juris civilis, cum notis D. Gothofredi. *Genevæ*, 1619, 2 vol. in-4. *parch.*
338. Corpus juris civilis, cum notis D. Gothofredi. *Lugd.*, 1650, 2 vol. in-fol. *v. br.*
339. Corpus juris civilis in IV partes distinctum, cum notis Dyon. Gothofredi. *Lugduni*, 1662, in-4. *cart.*
340. Corpus juris civilis. *Amst.*, *Elzev.*, 1681, 2 vol. in-8. *v. f.*
341. Corpus juris civilis, cum notis D. Gothofredi. *Coloniæ Munatianæ*, 1756, 2 vol. in-fol. *dem. rel. non rogné.*
342. Coutumes (les) considérées comme loix de la nation dans son origine et dans son état actuel, par P. G. M. (Michaux) *Paris*, 1783, in-8. *bas.*

Coutumes par ordre alphabétique de pays.

343. Coutumes d'Angoumois, Aunis et La Rochelle avec comment. de J. Vigier. *Angers*, 1720, in-fol. *v.* — Commentaires sur la coutume de La Rochelle et pays d'Aunix, par E. Huet. *La Rochelle*, 1688, in-4. *v.*.
344. Coutumes d'Anjou conférées avec les coutumes voisines, avec notes de Dumoulin, nouv. édit. par Pocquet de Livonnière. *Paris*, 1725, 2 vol. in-fol. *v.*
345. Coutumes d'Arras, Bapaume, St. Omer, etc. *Paris*,

1746, in-4. — Coutumes générales d'Artois avec notes par Maillart. *Paris*, 1704, in-4. *v. br.*

345 *bis*. Coutumes d'Artois, avec notes d'Adr. Maillart. *Paris*, 1739, in-fol. *v.* — Coutumes de Namur. *La Haye*, 1739, in-4. *v.* — Coutumes de Vitry le François, avec comment. de Ch. de Salligny. *Chalons*, 1676, in-4. *v.*

346. Coutumes d'Artois, avec notes de Maillart. *Paris*, 1756, 2 tom. en 1 vol. in-fol. *v.*

347. Coustumes du haut et bas pays d'Auvergne avec la paraphrase de Pougnet 4e édit. revue par Consul. *Clermont*, 1667, in-4. — Bessiani (J.) a Pressaco annotationes in Arvernorum consuetudines. *Lugd.*, 1548, in-8.

348. Coutumes d'Auxerre. *Paris*. 1694, in-4. *v. br.*

349. Compilation d'auguns priviledges et reglamens deu pays de Bearn. *Orthès*, 1676, in-4. *dem. rel.*

350. Coutumes de Beauvoisis, par Beaumanoir. — Assises et bons usages de Jérusalem, par La Thaumassiere. *Bourges*, 1690, in-fol.

351. Coustumes de Berry, avec les annotations de G. Labbé. *Paris*, 1607, in-4. *v.*

352. Coutumes de Bourbonnois, commentées par Rouyer. *Moulins*, 1779, in-4. *v.* — Additions au nouveau commentaire de la coutume de Bourbonnois, par Auroux des Pommiers. *Paris*, 1741, 2 tom. en 1 vol. in-fol. *cart.*

353. Coutumes de Bretagne, avec notes de P. Hevin, Ch. Dumoulin. *Rennes*, 1745, 3 vol. in-4. *bas.* — Hevin, Consultations et observations sur la coutume de Bretagne. *Rennes*, 1734, in-4. *bas.*

354. Coutumes du duché de Chartres, commentées par Couart, 2e édit. augmentée par Du Molin. *Chartres*, 1787, in-8. — Loix municipales et coutumes de Chaumont en Bassigny, recorrigées, interpretées et annotées par Gousset de Bussières. *Chaumont*, 1732, in-8. — Statuta Delphinalia. *Gratianopoli*, 1619, in-4. *v.*

355. Coustumier (le grant) de France. *Paris*, 1557, in-4. *goth. parch.*

356. Coustumes de Lorris et Montargis, commentées par A. Lhoste. *Paris*, 1629, in-4. *v.* — Commentaires

sur les coustumes du pays de Loudunois, par Le Proust. *Saumur*, 1612, in-4.

357. Coutumes du pays et comté du Maine. *Paris*, 1519. — Ordonnances royaulx du roi Louis XII. *Paris*, *Jehan Petit*, 1512, in-8. *gothique*.

358. Coustumes du Maine, avec les comment. de Brodeau. *Paris*, 1675, in-fol. *v. br.*

359. Observations sur les coutumes et les usages du ressort du parlement de Metz, par Gabriel. *Bouillon*, 1787, 2 vol. in-4. *v.*

360. Loix et establissemens de Normendie. *Imprimé à Rouen*, *pour Michel Ange et Jehan Mace, libraires à Caen*, (*manque le titre*). — Stille de procédure en Normendie. *Imprimé à Rouen*, *pour Pierre Regnault*, *libraire de l'Université de Caen*. in-8. *gothique*.

361. Coutumes de Normandie, expliquées par Pesnelle. *Rouen*, 1727, in-4. *v.*

362. Coutume de Normandie, avec l'extrait des différens commentateurs, par Frigot. *Coutances*, 1779, 2 vol. in-4.

363. Coustumes généralles de la prévosté et viconté de Paris. *Paris*, *Guill. Eustace*, 1513, in-8. *goth. v. n.*

364. Coutume de Paris, rédigée dans l'ordre naturel par P. Lemaistre. *Paris*, 1741, in-fol. *v.*

365. Observations sur la coustume de Poitou, par Lelet, avec corrections et augmentations par M. Braud. *Poitiers*, 1683, 2 vol. in-4. *v. br.* — P. Rat in Pictonum leges quas vulgus consuetudines dicit glossemata. *Augustoriti Pictonum*, 1609, in-4. *v.*

366. Coutume de Sens et de Langres, commentée par J. Delaistre. *Paris*, 1731, in-4. *v.* — Coustumes de Vermandois, avec commentaire par J. B. Buridan. *Reims*, 1630, in-4. *parch.*

367. Coustumier (le) et stilles du baillage et duché de Touraine. *Tours*, 1536, in-8. *goth.*

368. Coustumes de Touraine, avec les annotations de E. Pallu. *Tours*, 1661, in-4. *v.* — Conférence de la rédaction de la coutume de Touraine en 1460, et nouv. comment., avec des observ. par Dufrementel. *Tours*, 1786, in-4. *v.*

369. Cowel, Law dictionnary. 1727, in-fol. *v.* — Common Law, common-plac'd, by G. Jacob. 1733, in-fol.

370. Cumberland de legibus naturæ. *Lub.* 1683, in-8. *vél.*

371. Cumberland, Loix de la nature expliquées, trad. du lat. par Barbeyrac. *Leide*, 1757, in-4. *br.*

372. Daguesseau, Œuvres. *Paris*, 1788, 13 vol. in-4. *bas.*

373. Daries, Institutiones jurisprudentiæ universalis. *Francof.*, 1754, in-8. — D'Aube, Essai sur les principes du droit et de la morale. *Paris*, 1743, in-4. *br.* — J. Dechkeri, Dissertationum juris et decisionum libri duo. *Bruxellis*, 1686, in-fol. *v. br.*

374. Decisions sommaires du palais, avec notes de Abr. Lapeyrere. *Bordeaux*, 1749, in-fol. *bas.* — Dumont, Nouveau style criminel. *Paris*, 1778, in-4. *bas.*

375. Dehn, de assecuratione maritimâ. *Gottingæ*, 1788, in-4. *br.*

376. Denisart, Collection de décisions nouvelles. *Paris*, 1768, 4 vol. in-4. *v.*

377. Dictionnaire des domaines et droits domaniaux, par B. *Paris*, 1782, 2 vol. in 4. *bas.*

378. Dissertation hist. et crit. sur la chambre des comptes, par L. Lecanteur. *Paris*, 1765, in-4. *br.* — Etat véritable des trésoriers de France, (par Clément de Boissy). *Paris*, 1779, in-4. *v.*

379. Donker (P. G.) de jure nundinarum. *Lugd. Bat.*, 1752, in-8. *br.*

380. Dornseiffen, Jus fœminarum apud romanos antiquum et novum. *Traj. R.*, 1818, in-8. — Dupin (P), Traité des peines des secondes noces. *Paris*, 1743, in 4. *v.*

381. Dunod, Traité de la main morte et des retraits. *Paris*, 1760, in-4. *bas.* — Sc. Duperier, Questions notables du droit. *Toulouse*, 1684, in-4. *v. br.*

382. Duplessis, Traités sur la coutume de Paris, avec notes de Berroyer et de Laurière. *Paris*, 1726, in-fol. *v. br.*

383. Edits de suppressions (recueil de divers). 1770-1771, 2 vol. in-4. *bas.*

384. Farinacii opera. — Pasqualici Repertorium ad Farinaccium. *Coloniæ*, 19 tom. en 14 vol. in-fol. *v. br.*

385. Fermes générales ; Recueil d'ordonnances, édits, tarifs, etc., qui y sont relatifs, 20 vol. in-4. *non uniformes.*

386. Ferrière (de). La science parfaite des notaires ou le parfait notaire. *Paris*, 1771, 2 vol. in-4. *v.* — Duval, Parfait procureur. *Lyon*, 1705, 2 vol. in-4. *v. br.*

387. Franc alleu de la province de Languedoc. *Tolose*, 1645, in-fol. *v.*

388. Fréminville, Pratique pour la renovation des terriers et des droits seigneuriaux. *Paris*, 1762, 5 vol. in-4. *bas.* — Bellamy, Traité de la perfection et confection des papiers terriers généraux du roy. *Paris*, 1746. in-4. *bas.*

389. Freminville (de), Vrais principes des fiefs. *Paris*, 1769, 2 vol. in-4. *bas.* — Dumoulin, Traité des fiefs analysé et conféré avec les autres feudistes, par Henrion de Pensey. *Paris*, 1773, in-4. *v.*

390. Froland (L.), Mémoires concernans l'observation du senatus consulte Velleien dans le duché de Normandie. *Paris*, 1722, in-4. *v.* — L. Froland, Mémoires concernant le comté d'Eu et ses usages. *Paris*, 1722, in-4. *v.* — Froland, Mémoires concernant la prohibition d'évoquer les décrets d'immeubles en Normandie. *Paris*, 1729, in-4. *v.* — Greard, Mémoires concernant le droit de Tiers et dangers, sur les bois de Normandie, avec notes de Froland. *Rouen*, 1737, in-4. *v.*

391. Fulgineus, de jure emphyteutico. *Genevæ*, 1717, in-fol.

392. Gentilis (Sc.), Opera omnia. *Neapoli*, 1763, 8 vol. in-4. *dem. rel.*

393. Gerbet (G.), Tractatus de cautelis juramentorum in judicio observandis. *Halæ Magdeburgicæ*, 1706, in-8. *br.*

394. Gothofredi (Jac.), animadversionum juris civilis liber. *Genevæ*, 1628, in-4. *v. br.* — Gothofredi (Jac.), Fontes quatuor juris civilis in unum collecti. 1653, in-4 *v.* — Gothofredi (Jac.), Opuscula varia

juridica, politica, historica, critica. *Genevæ*, 1654, in-4. *v. br.* — Gothofredi (Jac.), Tractatus de salario. *Genevæ*, 1666, in-4. *v. br.*

395. Gothofredi (J.), Opera juridica minora, ed. Chr. H. Trotz. *Lugd. Bat.*, 1733, in-fol. *vél.*

396. Gravinæ (J. V.) Origines juris civilis seu opera. *Lipsiæ*, 1717, 2 tom. 1 vol. in-4. *v.*

397. Groenewegen (G.), De legibus abrogatis. *Lugd. Bat.*, 1649, in-4. *v.*

398. Grotius (H.), De jure belli ac pacis. *Amst.*, *Blaeu.* 1631, in fol. *v. fil.*

399. Grotius (H.), De jure belli ac pacis, libri tres. *Amstel.*, 1651, in-8. *vél.* — Gudelini (P.), De jure feudorum et pacis commentarii, ed. Zoezio. *Lovanii*, 1663, in-4. *v.*

400. Grotius (H.), De jure belli ac pacis, cum notis Coccei. *Lausannæ*, 1751, 5 vol. in-4. *br.*

401. Grotius, Droit de la guerre et de la paix, trad. par de Courtin. *Paris*, 1687, in-4. *v, f. fil.*

402. Grypiandri (Jon.), De insulis tractatus. *Francof.*, *s. a.* in-4. *v. br.*

403. Gudelini (P.) Opera. *Antv.* 1685, in-fol. *bas.*

404. Harmenopuli (Consantini) promptuarium juris civilis, latine redditum à G. Mercero. *Lausannæ*, 1580, in-8.

405. Havemanni (Mic.) Gamologia synoptica, istud est tractatus de jure connubiorum. *Francof.*, 1672, in-4. *v. br.*

406. Heineccii (Jo. G.), ad legem Juliam et Papiam Poppœam commentarius. *Genevœ*, 1747, in-4. *br.*

407. Heineccii antiquitatum Romanarum jurisprudentiam illustr. syntagma, ed. Haubold. *Francof.*, 1822, in-8. *br.*

408. Heineccii (Jo. G.), Elementa juris civilis secundum ordinem institutionum. *Genevœ*, 1747, in-4. *br.*

409. Heineccii (Jo. G.), Elementa juris Germanici. *Genevœ*, 1748, in-4. *br.*

410. Heineccii (Joh. G.), in Arn. Vinnii commentarium in IV libros institutionum imperialium annotationes. *Lovanii*, 1758, in-4. *br.*

411. Heineccii (J. G.). Observationes theoretico-practicæ ad institutiones. *Francof*, 1763, in-8. *br*.

412. Heineccii (Jo. G.) Opuscula posthuma. *Halæ*, 1743, in-4. *vél.*

413. Heineccii (J. G.) Opuscula posthuma. *Genevæ*, 1748, in-4. *br*.

414. Hellfeld, Jurisprudentia forensis secundùm pandectarum ordinem. *Ienæ*, 1806, in-8. *br*.

415. Héricourt (L. de) Traité de la vente des immeubles par décret. *Paris*, 1771, in-4. 2 tom. rel. en 1 vol. *bas*. — H. Basnage, Traité des hypothèques. *Rouen*, 1681, in-4. *v. br*.

416. Heringii (G.), Tractatus de molendinis eorumque jure. *Francof.*, 1663, in-4, *parch*.

417. Hommelii corpus juris civilis, cum notis variorum. *Lipsiæ*, 1778, in-8.

418. Hotmanni de castis incestisve nuptiis disputatio. *Basileæ*, 1594, in-8. *parch*. — Hotom, Disputatio de controversiâ successionis regiæ inter patruum et fratris præmortui filium. J. de Terrarubea tractatus de jure legitimi successoris in hereditate regni Galliæ. 1585, in-8.

419. Huberus (Ul.) Prælectiones juris civilis. *Lipsiæ*, 1735, 3 tom. en 1 vol. in-4. *cart*.

420. Huberus (Ul.), De jure civitatis, cura J. Chr. Fischeri. *Francof.*, 1752, in-4. *v*.

421. Huber, De feminarum conditione secundum jus vetus Frisiacum. *Traj. Rh.*, 1830, in-8. *br*. — G. Grotii Isagoge ad praxin fori batavici. *Amstel.*, 1655, in 4. *v*.

422. Institutes de Justinien conférées avec le droit françois, par Boutaric. *Toulouse*, 1740, in-4. *v*. — Institution du droit romain et du droit françois, avec des remarques, par F. de Lauuay. *Paris*, 1686, in-4. *v. br*.

423. Institutiones juris principum privati breviter concinnatæ atque Germaniæ potissimum applicatæ. *Francof.*, 1747, in-4. *vél*. — Lecoq de Villeray, Traité du droit public de l'empire d'Allemagne. *Paris*, 1748, in 4. *br*.

424. Journal du palais, ou Recueil des principales décisions de tous les parlemens et cours souveraines

de France, par Blondeau et Guéret. *Paris*, 1713, 2 vol. in-fol. *v. br.*

425. Jungius Verconius Thurinus sive de pœnâ fumi apud veteres. *Rotter.*, 1761, in-8. *br.*

426. Kannes, de munere consulum mercaturæ gratiâ in exteris terris constitutorum. *Amst.*, 1826, in-8. *br.*

427. Klinkhamer (S. C.), Comment. de donationibus ex fragmentis vaticanis nuper illustratis. *Amst.*, 1826, in-8. *br.*

428. Lebrun, Traité de la communauté. *Paris*, 1734, in-fol. *v. br.*

429. Leewius, De origine et progressu juris civilis romani, cum notis Vinnii. *Lugd. Bat.*, 1671, in 8. *vél.*

430. Lefebvre de la Bellande, Traité des droits d'aides. *Paris*, 1760, in-4. *v.* — G. Jacquin, Conférence de l'ordonnance de Louis XIV sur les entrées, aides et autres droits du ressort de la cour des aides de Paris. *Paris*, 1751, in-4. *dem.-rel.*

431. Lefevre de la Planche, Mémoires sur les matières domaniales, ou Traité du domaine. *Paris*, 1764, 3 vol. in-4. *bas.* — Jacquet, Traité des justices de seigneur et des droits en dépendants. *Lyon*, 1764, in-4. *bas.*

432. Lex salica ex variis recensionibus unâ cum lege ripuariorum synoptice, ed. Laspeyres. *Halis*, 1823, in-4. *br.*

433. Leyser (A.), Meditationes de assentationibus jureconsultorum et doctrina de domaniis. *Helmstadii*, 1741, in-4. *parch. vert.* — Martini (Fr.) Commentarius de jure censuum seu annuorum redituum. *Coloniæ Agrippinæ*, 1560, in-4. *v. br.*

434. Lois et constitutions de S. M., en ital. et fr. *Turin*, 1729, 2 vol. in-4. *v.*

435. Louet, Recueil d'arrêts notables du parlement de Paris, nouv. édit., revue par G. du Rousseau de la Combe. *Paris*, 1742, 2 vol. in-fol. *bas.*

436. Luzac (E.), Disquisitio num civis innocens iræ hostis longe potentioris juste permitti possit ut excidium totius civitatis evitetur. *Lugd. B.*, 1749, in-8. *br.* — Joly, Traicté de la justice militaire de France. *Paris*, 1598, in-8. *parch.*

437. Maimonides (R. Moses), De jure pauperis et peregrini apud Judæos, hebr. et lat., ed. Prideaux. *Oxonii*, 1679, in-4. *vél.*

438. Manzii (C.) Centuria decisionum Palatinarum. *Francof.*, 1672, in-4. *v. br.* — Mascovii de sectis Sabinianorum et proculianorum in jure civili diatriba. *Lipsiæ*, 1728, in-8.

439. Martens (G. F.), Primæ lineæ juris gentium practici. *Gotting.*, 1786, in-8. *cart.* — Meisteri Bibliotheca juris naturæ et gentium. *Goettingæ*, 1749, in-8. 3 part. en 1 vol.

440. Martini, Ordo historiæ juris civilis. *Viennæ*, 1770, in-8. *dem. rel.* (*interfolié de papier blanc*).

441. Maximes du droit public françois. *Amst.*, 1775, 2 tom. en 1 vol. in-4. *bas.*

442. Maynard, Notables questions de droit écrit jugées au parlement de Toulouse. *Toulouse*, 1751, 2 vol. in-fol. *v.*

443. Mayr, De divisione bonorum societatis. *Landish.*, 1825, in-8.

444. Mémoire pour Dupleix contre la compagnie des Indes. *Paris*, 1759, in-4. *v.* — Mémoire pour le comte de Lally. *Paris*, 1766, in-4. *br.*

445. Mémoires et négociations secrètes touchant la paix de Munster. *Amst.*, 1710, 4 vol. in-8.

446. Mémoires pour servir à l'histoire du droit public de la France en matières d'impôts. *Bruxelles*, 1779, in-4. *v.*

447. Mémoires relatifs au procès du cardinal de Rohan. 3 vol. in-4. *portr.*, dont 2 en demi-rel. et 1 *br.*

448. Menochius, De arbitrariis judicum quæstionibus et causis. *Col. Allob.*, 1690, in-fol.

449. Meurern, Tractatus juridicus de alluvione, insulis, alveo et jure aquatico. *Nurnberg.*, 1733, in-4. *d. r.*

450. Molinæ de justitia et jure opera omnia. *Col. Allob.*, 1733, 5 tom. en 2 vol. in-fol. *vél.*

451. Montesquieu, de l'Esprit des lois. *Genève*, 1749, in-4. *v.* — Pecquet, L'esprit des maximes politiques pour servir de suite à l'Esprit des lois de Montesquieu. *Paris*, 1757, in-4.

452. Montvallon, Epitome juris et legum Romanarum. Aquis sextiis, 1756, in-8.

453. Montvallon (de), Traité des successions conformément au droit romain et aux ordonnances du royaume. *Aix*, 1786, 2 vol. in-4. *bas*.

454. Moreau de St.-Mery, Lois et constitutions des colonies françaises de l'Amérique sous le vent. *Paris*, 5 vol in-4. *v.*

455. Mornacii (Ant.) Observationes in digestum, codicum et pandectas. *Lutetiæ*, 1654-1660, 4 vol. in-fol. *v. br.*

456. Mornacii (A.) Observationes in digesta, pandectas et codicum. *Lutetiæ*, 1721, 4 vol. in-fol. *v.*

457. Nicolas : Si la torture est un moyen sûr à vérifier les crimes secrets. *Amst.*, 1681, in-8.

458. Noordkerk (H.), De matrimoniis ob turpe facinus quod peccatum sodomiticum vocant, jure solvendis. *Amst.*, 1733, in-8. *br.* —Noordkerk (H.), Specimen lectionum seu disquisitio de lege petronia. *Amstel.*, 1731, in-8. *br*

459. Notæ et restitutiones ad commentarium C. Molinœi de feudis opera St. R. (Rasicod). *Parisiis*, 1739, in-4. *v.* — C. Molinœi opuscula. 1605, in.8.

460. Olive (d') du Mesnil, Questions notables du droit, décidées par divers arrêts du parlement de Toulouse. *Toulouse*, 1782, 2 vol. in-4. *bas.*

461. Opuscula varia de latinitate jurisconsultorum veterum, cum animadversionibus C. A. Dukeri. *Traj. ad Rh.*, 1741, in-8. *br.*

462. Ottonis (Ev.) ad Justiniani institutionum sive elementorum libros IV, Cujacio emendatos notæ critica et commentarius. *Basileæ*, 1770, in-4. *v.* — Ev. Ottonis De jurisprudentia symbolica exercitationes. *Traj. ad Rh.*, 1730, in-8.

463. Oudtshoorn, Quæstiones varii argumenti. *Lugd. Bat.*, 1825, in-8. *br.*

464. Paponius, Decisionum et rerum judicatarum sive, ut vocant, arrestorum corpus. *Francof.*, 1624, in-fol. *taché.*

465. Passeribus (N. de), De scriptura privata et de verbis enunciativis. *Francof.*, 1686, in-4. *vél.*

466. Pauli (Th.) de veris juris et jurisprudentiæ princi-

piis. *Francof.*, 1700, in-4. *dem. rel.* — C. Van Eck, Theses juris controversi. *Lugd. Bat.*, 1759, in-8. *br.*

467. Peregrinus (Ant.) de fideicomissis præsertim universalibus. *Lugd.*, 1670, in-fol.

468. Perezii (Ant.) Prælectiones in XII libros codicis. *Amst.*, *Elzev.*, 1653, in-fol. *vél.*

469. Perezii (Ant.) Prælectiones in XII libros codicis Justiniani. *Amst.*, *Elzev.*, 1671, in-4. *vél.*

470. Perezii (Ant.), Prælectiones in XII libros codicis Justiniani. *Antv.*, 1738, 2 vol. in-4. *vél.*

471. Piepape, Observations sur les lois criminelles de France, suite des observations sur les lois criminelles de France. *Paris*, 1789-1790, 2 vol. in-4. *br.* — Ramos (Fr.), Tribonianus sive errores triboniani de pœnâ parricidii. *Lugd. Bat.*, 1728, in-4. *v. br.*

472. Pilati de Tassulo : Traité des lois civiles. *La Haye*, 1774, 2 tom en 1 v. in-8.

473. Plans et statuts de différens établissemens ordonnés par Catherine II pour l'éducation de la jeunesse et l'utilité générale de l'empire, trad. du russe par Leclerc. *Amst.*, 1775, 2 tom. en 1 vol. in-4. *v.* — Catherinae II, Instructions to frame a new code of laws for the russian empire, translated in english, by M. Tatischeff. *London*, 1768, in-4. *br.*

474. Pomereschii Tirocinium juris super IV institutionum Justiniani libros auctum per Noswitzium. *Francof.*, 1742, in-8. — Polleti (E.) Historia fori romani restituta per Ph. Broidæum. *Duaci*, 1573, in-8.

475. Pontani Tractatus de spolio. *Col. Agrrip.*, 1727, in-4.

476. Principes de la législation universelle (par Schmid). *Amst.*, 1776, 2 vol. in-8.

477. Procédures faites en Bretagne et devant la cour des pairs, avec des observations (affaire du duc d'Aiguillon). 1770, in-4. *br.*

478. Puffendorf (Sam.), De jure naturæ et gentium, cum annotat. N. Hertii. *Francof.*, 1716, in-4. *vél.*

479. Puffendorff, De jure naturæ et gentium, cum notis Barbeyracii. *Francof.*, 1744, 2 vol. in-4.
480. Puffendorf (N.), De jure naturæ et gentium, cum notis Hertii et Barbeyracii. *Francof.*, 1759, 2 vol. in-4. *br.*
481. Questions sur l'ordonnance de 1667, relatives aux usages des parlemens et principalement de celui de Toulouse. *Toulouse*, 1769, in-4. *bas.* — L'ordonnance de 1667, mise en pratique conformément à la jurisprudence du parlement de Toulouse. *Toulouse*, 1759, in-4. *bas.*
482. Rambonnet (L. H.), Historia juris dotium apud Romanos. *Traj. ad Rh.*, 1819, in-8. *br.*
483. Rath, De usucapionibus et præscriptionibus. *Ingolst.*, 1651, in-4.
484. Recueil des édits, déclarations, etc., concernant le desséchement des marais. *Paris*, 1765, in-4. *br.* — Perrot, Dictionnaire de Voierie. *Paris*, 1782, in-4. *bas.*
485. Recueil des édits, déclarations, lettres patentes, etc. enregistrées au parlement de Flandres. *Douay*, 1785-1786, 5 vol. in-4. *v.*
486. Recueil d'édits, déclarations, etc., pour les teinturiers de Paris de 1543 à 1735, in-4. *parch.*
487. Recueils d'édits, déclarations, etc., concernant le droit de serment des offices ou marc d'or et les quittances de finances. *Paris*, 1729. — Recueil d'édits, ordonnances, etc., concernant l'épargne, le trésor royal et les parties casuelles. 1732, 2 vol. in-4. *v. f.*
488. Recueil des anciens édits et ordonnances du roi, concernant les domaines et droits de la couronne, avec comment. de Lecaron. *Paris*, 1690, in-4. *v. br.* — J. Renauldon, Traité des droits seigneuriaux. *Paris*, 1765, in-4.
489. Recueil des statuts, ordonnances, réglemens et priviléges des orfévres, jouailliers de Paris, de 1345 à 1688. in-4.
490. Reiffenstuel, Tractatus de regulis juris. *Ingolst.*, 1733, in-fol.
491. Renusson, OEuvres, nouv. édit., revue par Serieux. *Paris*, 1780, in-fol. *bas.*

492. Renusson (P.), Traité de la communauté de biens. *Paris*, 1723, in-4. — Renusson, Traité des propres. *Paris*, 1733, in-4. *v. br.* — P. Renusson, Traités du douaire et de la garde-noble et bourgeoise qu'on appelle bail. *Paris*, 1724, in-4. *v. br.*

493. Reports of adjuged cases in the courts of Chancery, King's bench etc., taken and collected by J Strange. 1755, in-fol. tom. 1er. *v.* — Godolphin (G.), The orphan's legacy or testamentary abridgment. *London*, 1701, in-4. *v.*

494. Reyger (A. de), Thesaurus juris civilis et canonici locupletissimus. *Col. Agrip.*, 1705, 2 vol. in-fol.

495. Rigaltius: De diversis temporibus et terminis legis municipalis Arvernorum. *Paris*, 1613. — Duboys, Tractatus de propriorum successione. 1642. — Ranchinus, De successionibus ab intestato. *Lugd.*, 1594. — Contre le franc-alleu sans titres prétendu par quelques provinces. 1629, in-8.

496. Roche Flavin (La), Treize livres des parlemens de France. *Genève*, 1621, in-4. *v. br.*

497. Roche Flavin (de la), Treize livres des parlemens de France. *Bordeaux*, 1617, in-fol. *v. f.*

498. Rousset, Intérêts présens des puissances de l'Europe. *La Haye*, 1733, 3 vol. in-4.

499. Routier, Principes généraux du droit civil et coutumier de Normandie. *Rouen*, 1742, in-4. *v.*

500. Rutilii, Vitæ jurisconsultorum. *Halœ Magd.*, 1718, in-4. — J. Terpstra, Specimen de philosophia veterum Ictorum. *Franequeræ*, 1767, in-8. *br.*

501. Sacy (de), Recueil de mémoires, factums et harangues. *Paris*, 1724, 2 vol. in-4.

502. Sallé, Traité des fonctions, droits et privilèges des commissaires au Châtelet de Paris. *Paris*, 1759, 2 vol. in-4. *v.* — Style (nouv.) du Châtelet de Paris. *Paris*, 1771, in-4. *bas.* — Lange, nouvelle pratique civile, criminelle et bénéficiale ou le nouveau praticien françois. *Paris*, 1755, 2 vol. in-4. *bas.*

503. Salvaing (D. de), De l'usage des fiefs et autres droits seigneuriaux. *Grenoble*, 1731, in-fol. *cart.*

504. Savary, Le parfait négociant. *Paris*, 1757, 2 vol. in-4. *bas.*
505. Scacciæ (S.) Tractatus de appellationibus. *Francof.*, 1615, in-fol. *vél.*
506. Scacciæ (S.) Tractatus de commerciis et cambio. *Francofurti*, 1648, in-fol. *vél.*
507. Schickardi (W.) Jus regium hebræorum. *Lips.*, 1674, in-4.
508. Schilterus, de paragio et apanagio, 1701. — De condominio circa sacra. 1704. — Hagemeierus, de comitiis imperii germanici. 1676. — Schilterus, de S. R. G. comitum prærogativa. 1702, in-4.
509. Schultingii Dissertationes de recusatione judicis. *Lugd. B.*, 1714, in-4.
510. Serpillon, Code du faux. *Lyon*, 1774, in-4. *bas.*
511. Sfortiœ Oddi de restitutione in integrum tractatus. *Venetiis*, 1606, 2 tom. en 1 vol in-fol.
512. Somner (W.), Treatise of gavelkind both name and thing. *London*, 1726, in-4. *v.*
513. Sonnemanni (A. D.) Usus modernus novellarum constitutionum D. Justiniani. *Francof.*, 1725, in-4.
514. Stracchæ (B.) de Mercatura cambiis, etc., Decisiones et tractatus varii. *Amstel.*, 1669, in-fol. *vél.*
515. Struvii (B. G.) Corpus juris publici romano-germanici. *Jenœ*, 1738, in-4. *v. f. fil.*
516. Struvii (G. A.) Evolutiones controversiarum. *Francof.*, 1684, in-4. *vél.*
517. Struvii Evolutiones controversiarum. *Francof.*, 1696, in-4, *cart.*
518. Struvii Evolutiones controversiarum. *Francof.*, 1713, in-4.
519. Struvii Syntagma jurisprudentiæ secundum ordinem pandectarum. *Francof.*, 1738, 3 vol. in-4. *vél.*
520. Strykius, De cautelis testamentorum. *Halæ*, 1716, in-4. — Strykius, De jure sensuum. *Francof.*, 1753, in-4. *d. r.*
521. Strykii Introductio ad praxin forensem. *Wittenb.*, 1714. — De jure sensuum. 1717. — De civilitate proficua. 1699. — De jure liciti sed non honesti. *Halœ*, 1708, in-4. *vél.*

522. Strykii (S.) Opera, ed. W. A. Schoepfio. *Francof.*, 1743, 17 tom. en 8 vol. in-fol. *bas.* — Strykii (S.) Opera præstantiora. *Halæ*, 1746, 4 tom. en 2 vol. in-fol. *bas.*

523. Stryckii Prælectiones de cautelis contractuum necessariis. *Vittenb.*, 1727, in-4.

524. Strykii Usus modernus pandectarum. *Halæ*, 1723, 4 vol. in-4.

525. Strykii et Schoepffii Consilia juridica selectissima Halensia et Tubingensia. *Ulmæ*, 1755. in-fol.

526. Sueciæ regni leges provinciales a J. Loccenio in lat. linguam traductæ et notis illustratæ. *Holmiæ*, 1672, in-fol. *v. br.*

527. Sylvii (A. C.) Commentarius ad leges tam regias quam XII tabularum mores et canones romani juris antiqui. *Paris.*, 1703, in-4. *vél.*

528. Table chronologique des ordonnances des rois de France, depuis Hugues Capet, jusqu'en 1400. *Paris*, 1706, in-4. *v. br.*

529. Talbert, De manu-mortuâ servis que liberæ Burgundiæ. *Dolæ*, 1667. — Traité des taillables ou mainmortables. *Dijon*, 1712. — Bailli, Traité des lods. *Dijon*. — Des services et devoirs seigneuriaux. 1710. — Charbonnier, Des substitutions et discussions suivant le statut de Bresse. 1710. — L'Amyraut, Sur les naturalisations accordées aux protestans. in-4.

530. Terra rubea (Joannes de) contra rebelles suorum regum. *Lugd.*, 1526, in-4. *goth. v. f. fil.*

531. Terriers rendus perpetuels ou mécanisme de leur confection, par Aubry de St. Vibert. *Paris*, 1787, in-fol. *dem. rel.*

532. Theophili antecessoris paraphrasis græca institutionum Cæsarearum, gr. lat., ed. O. Reitz. *Hagæ*, 1751, 2 vol. in-4. *br.*

533. Thesaurus jurisprudentiæ juvenilis. *Neapoli*, 1754, 2 vol. in-8.

534. Thibault, Traité des criées, ventes des immeubles et des offices par decret. *Dijon*, 1746, 2 tom. en 1 vol. in-4. *v.* — Tractatus varii de censibus Virginii de Boccatiis, J. B. Madii et G. A. Thesauri. *Aug. Taurinorum*, 1612, in-4. *v. br.*

535. Traité des ambassades et des ambassadeurs. *Rotterdam*, 1726, in-8. *br.* — M. Iungkheri de legationibus summorum imperiorum. *Francof.*, 1688, in-8.

536. Traité des communes ou observations sur leur origine, etc. (par d'Essuile). *Paris*, 1779, in-8.

536. *bis.* Traité des successions, obligations, etc., par P. A. *Avignon*, 1787, in-4. *bas.*

537. Van Geuns, de infamiâ legibus romanorum constituta. *Traj. ad R.*, 1823, in-8. *br.*

538. Van Hall, De magistro navis. *Amst.*, 1822, 2 vol. in-8. *br.*

539. Verduyn, disquisitio juridica de testamento atque hereditate Lazari bis mortui aliorumque bis mortuorum. *Amst.*, 1705, in-8. *br. non rogné.*

540. Vicat, Traité du droit naturel. *Lausanne*, 1782, 4 tom. en 1 vol. in-8.

541. Vinnii (Arn.) in instituta commentarius, J. G. Heineccius recensuit. *Lugd. Bat.*, 1726, in-4. *vél.*

542. Vinnii (Arn.) Jurisprudentia contracta sive partitiones juris civilis. *Rotterodami*, 1663, in-4. *vél.* — Vinnii Partitiones juris civilis. *Roterodami*, 1664, in-8.

543. Vinnii (Arn.) Tractatus varii judici. *Lugd.*, 1748, 1 vol. in-4. *dem. rel.* — Ejusdem in instituta commentarius J. G. Heineccius recensuit. *Lugduni*, 1747, 2 tom. en 1 vol. in-4. *dem. rel.*

544. Vinnii (Arn.) Tractatus varii judici. *Lugduni*, 1748, in-4. *vél.*

545. Visch (W. A. Bichon), de jure divortiorum et noxiis effectibus ex nimiâ eorum licentiâ oriundis. *Traj. R.*, 1803, in-4. *br.*

546. Vitriarii Institutiones juris naturæ et gentium. *Lugd. Bat.*, 1734, in-8. — Chr. Wolff, Institutiones juris naturæ et gentium. *Halæ*, 1774, in-8. *br.*

547. Voet (J.), Commentarii ad Pandectas, suplementum autore J. Van der Linden, sectio 1ª. *Traj. ad Rh.*, 1793, in-fol. *br.*

548. Vouglans (Muyart de), Institutes au droit criminel. *Paris*, 1757, 1 vol. — Instruction criminelle suivant les lois et ordonnances du royaume. *Paris*, 1762, in-4. 2 vol. *v.*

549. Weitsen (Q.), Tractatus de Avariis. *Amstel.*, 1672, in-8. *br.*
550. Wenckii (F. A. G.) Codex juris gentium recentissimi. *Lipsiæ*, 1781, 3 vol. in-8. *br.*
551. Willebrand, Abrégé de la police, accompagné de réflexions sur l'accroissement des villes. *Hambourg*, 1765, in-8.
552. Willenbergi (S. Fr.) Selecta juris matrimonialis. *Halæ Magdeburgicæ*, 1720, in-4. *demi-rel.*
553. Wolff, Principes du droit de la nature et des gens, trad. par Formey. *Amst.*, 1758, in-4. *br.*
554. Wunderlich, Additamenta ad B. Brissonnii opus de verborum quæ ad jus pertinent significatione. *Hamb.*, 1778, in-fol. *dem. rel.*
555. Zahn (B. C.), Tractatus de mendaciis. *Coloniæ Agrippinæ*, 1686, in-4. *v. br.*
556. Zoesii (H) Commentarius ad digestorum seu pandectarum libros. *Lovanii*, 1692, in-fol. *v.*
557. Zoesii (H.) Commentarius ad digestorum seu pandectarum libros. *Lovanii*, 1718, in-fol. *v.*

Droit ecclésiastique.

558. Abrégé du recueil des actes et mémoires du clergé de France. *Paris*, 1752, in-fol. *v.*
559. Acta Ecclesiæ Mediolanensis a sancto Carolo condita. *Lugd.*, 1683, 2 vol. in-fol.
560. Antiquæ Collectiones decretalium cum Augustini notis. *Ilerdæ*, 1576, in-fol. *parch.*
561. Augustini (Ant.) Emendationes et opiniones. *Lugd.*, 1544, in-8. *parch.* — Augustini (Ant.) de emendatione Gratiani. *Parisiis*, 1707, in-4. *parch.*
562. Augustini (Ant.) Juris pontificii veteris Epitome. *Paris.*, 1641, in-fol. *v. br.*
563. Beveridge, Pandectæ canonum. *Oxonii*, 1672, 2 vol. in-fol. *v. d. s. t.*
564. Boehmeri (J. H.) Jus ecclesiasticum Protestantium. *Halæ Magdeburgicæ*, 1756, 6 vol. in-4. *v.*
565. Bossuet, Defensio de potestate cleri gallicani.

Luxemburgi, 1730, 2 tom. en 1 vol. in-4. *v. br.*

566. Boutaric, Traité des matières bénéficiales. 1762, 2 vol. in-4. *v.*

567. Brunet, Parfait notaire apostolique et Procureur des officialités. *Lyon*, 1775, 2 vol. in-4.

568. Bullarium ordinis Capucinorum. *Romæ*, 1740, 7 vol. in-fol. *br.*

569. Cabassutius (J.), Juris canonici theoria et praxis. *Augustoriti Pictonum*, 1738, in-fol. *br.*

570. Clemens, De constitutionibus apostolicis, J. C. Bovio interprete. *Venetiis*, 1563, in-4. *parch.*

571. Codex canonum vetus ecclesiæ romanæ à Fr. Pithæo notis illustratus, ed. Cl. Le Peletier. *Parisiis*, 1687, in-fol. *v. br.* — Beveregii Codex canonum ecclesiæ primitivæ vindicatus et illustratus. *Amstel.*, 1697, in-4. *br.*

572. Concordia juris pontificii cum Cæsareo et cum theologica ratione. *Paris.*, 1679, in-fol.

573. Corpus juris canonici academicum. *Coloniæ Munatianæ*, 1773, 2 vol. in-4.

574. Corpus juris canonici, cum notis P. et J. Pithæorum. *Col. Mun.*, 1779, 2 vol. in-fol. *v.*

575. Discorso sopra l'asilo ecclesiastico. *Firenze*, 1763, in-4. *br.*

576. Discipline de l'église de France, d'après les maximes et les décisions répandues dans la collection des mém. du clergé. *Paris*, 1780, in-4. *v.* — El. Dupin, De antiqua ecclesiæ disciplina. *Parisiis*, 1686, in-4. *v. br.*

577. Dumoulin, Abus des petites dates, préventions, annates et autres usurpations et exactions de la cour de Rome. *Lyon*, 1564, in-4. *v. f.*

578. Durand de Maillane, Institutes du droit canonique. *Lyon*, 1770, 10 vol. in-12. *br.*

579. Durand de Maillane, Les libertés de l'église gallicane prouvées et commentées. *Lyon*, 1771, 5 vol. in-4. *v.*

580. Ecclesiastica (de) et politica potestate, lat. et franç., *Caen*, 1612, in-8. *cart.*

581. Examen de deux questions importantes sur le mariage. in-4. *v.*

582. Fabrotti (C. A.) Prælectio in titulum decretalium

Gregorii IX de vita et honestate clericorum. *Parisiis*, 1641, in-4. *parch.*

583. Febronius de statu ecclesiæ et legitima protestate romani pontificis, cum vindiciis. *Bullioni*, 1765-1775, 4 vol. in-4. *br.*

584. Febronius (J.) de statu ecclesiæ et legitima potestate romani pontificis. *Bullioni*, 1765, 2 vol. in-4. *br.*

585. Fevret, Traité de l'abus et du vrai sujet des appellations qualifiées du nom d'abus. *Lyon*, 1736, 2 vol. in-fol.

586. Gerbais, Dissertatio de causis majoribus ad caput concordatorum de causis. *Lutetiæ*, 1679, in-4. *mar. r. d. s. t.*

587. Gibert (J. P.), Corpus juris canonici. *Coloniæ Allobr.*, 1735, in-fol. tom. 3 (de beneficiis ecclesiasticis, de contractibus, de sacramentis, de judiciis). *br.*

588. Gibert (J. P.), Institutions ecclésiastiques et bénéficiales. *Paris*, 1720, in-4. — Gibert (J. P.), Usages de l'église gallicane concernant les censures et l'irrégularité. *Paris*, 1724, in-4. *v.*

589. Gibert (J. P.), Tradition ou histoire de l'église sur le sacrement de mariage. *Paris*, 1725, 3 vol. in-4.

590. Gratiani decretum. *Moguntiæ*, *Schoiffer*, 1472, in-fol. *goth. non rel.* (*imparf. d'un feuillet.*)
Imprimé sur vélin.

591. Gratiani canones, ed. C. S. Berardo. *Venetiis*, 1777, 4 vol. in-4. *br.*

592. Gregorii nova compilatio decretalium cum glossa. *Moguntiæ*, *Schoiffer*, 1473, gr. in-fol. *goth. non rel.*
Imprimé sur vélin.

593. Gregorii IX gesta quædam insignia, studio G. Vossii in lucem edita. *Romæ*, 1586, in-4. *parch.*

594. Griffini (M. A.) Plurium a S. Sede Apostolica damnatarum propositionum censura. *Bononiæ*, 1761, 2 vol. in-4. *br.*

595. Habermann, Dissertatio de pontificis romani potestate. *Gottingæ*, 1754, in-4. *cart.*

596. Hericourt (L. de), Loix ecclesiastiques de France *Paris*, 1756, in-fol.

597. Histoire du droit public ecclésiastique françois, par D B. (Du Boulay). *Londres* (*Paris*), 2 vol. in-4. *parch*,

598. Horry, Institution à la pratique bénéficiale et ecclésiastique. *Paris*, 1694, in-4.

599. Jouy (L. F. de), Conférence des ordonnances, édits, déclarations, etc., sur les matières ecclésiastiques. *Paris*, 1753, in-4. *v.*

600. Kauffmanns, pro statu ecclesiæ catholicæ et legitima potestate summi pontificis contra Febronium. *Col. Agrip.*, 1767, in-4. *v.*

601. Lacombe (Guy du Rousseau de), Recueil de jurisprudence canonique et bénéficiale. *Paris*, 1771, in-fol.

602. Lessius, de justitia et jure et virtutibus cardinalibus. *Brixiæ*, 1696, in-fol. *vél.*

603. Louetii (G.) notæ ad commentaria C. Molinæi in regulas cancellariæ apostolicæ. *Lutetiæ Paris.*, 1656, in-4. *bas.*

604. Lucet, Principes du droit canonique universel. *Paris*, 1788, in-4. *v.*

605. Lupi (F. C.) Synodorum decreta et canones, studio Philippini. *Venetiis*, 1724, 5 vol. in-fol. *v. br.*

606. Marca (P. de), Dissertationes de concordia sacerdotii et imperii cum observat. Boehmeri et adnotat. Carmini Fimiani. *Bambergæ*, 1788, 6 vol. in-4. *br.*

607. Panvinius (O.) De primatu Petri et apostolicæ sedis potestate. *Veronæ*, 1589, in-4.

608. Pichler, Jus canonicum practice explicatum seu decisiones casuum. *Ingolst.*, 1728, 2 vol. in-4.

609. Potestate (de) ecclesiastica et temporali sive declaratio cleri gallicani A°. 1682. *Vindob.*, 1776, in-4. *mouillé.*

610. Procès du P. Girard avec la Delle. Lacadiere. *Paris*, 1731, in-fol. *v. br.*

611. Pouvoirs legitimes du premier et du second ordre dans l'administration des sacremens et le gouvernement de l'église (par Travers). 1744, in-4.

612. Raguelli (Fr.) Leges politicæ ex sacræ scripturæ libris collectæ, ed. L. Bochello. *Parisiis*, 1615, in-4. *parch.*

613. Reiffenstuel, Jus canonicum universum. *Monachii*, 1702, 5 tom. en 4 vol. in-fol.

614. Roskovani (A. de), De primatu romani pontificis et juribus ejus. *Aug. Vindel.*, 1834, in-8. *br.*

615. Sappelius, de statu ecclesiæ et summi pontificis potestate. *Aug. Vind.*. 1771, in-4.

616. Schmier, Jurisprudentia canonico-civilis. *Avenione*, 1738, 3 tom. en 1 vol. in-fol.

617. Schweikart, de matrimonii vi in liberis adulterinis legitimandis non deficiente. *Regiom.*, 1723, in-8.

618. Traité des droits et libertés de l'église gallicane. 1731, 3 vol. in-fol.

619. Traité historique sur le sujet de l'excommunication et de la déposition des roys (trad. de Barlow, par de Rosemond). *Paris* (*Genève*), 1681, in-8. *v. br.*

620. Trautwein, Vindiciæ adversus Febronium de abusu et usurpatione summæ potestatis pontificiæ. *Aug. Vind.*, 1765, in-4.

621. Van Espen (Z. B.), Jus ecclesiasticum universum. *Coloniæ Agrippinæ*, 1715, 2 vol. in-fol. *piq. de vers.*

SCIENCES ET ARTS.

Philosophie. — Métaphysique. — Morale. — Philosophie occulte.

622. Agrippæ (H. C.) Opera. *Lugd.*, 1531, 2 vol. in-8. *v. br.*

623. Antonini (Marci) imperatoris eorum quæ ad se ipsum libri XII, cum notis. *Oxoniæ*, 1704, in-8. *br.*

624. Antonini (Marci) imper. ac philos. eorum quæ de seipso ad seipsum scripsit, ed. Chr. Wolle. *Lipsiæ*, 1729, in-8. *cart.*

Intercallé de papier blanc, avec des notes manuscrites et des corrections qui paraissent avoir été faites pour une réimpression.

625. Antonini (M.) Philosophi commentarii. *Lipsiæ*, 1775, in-8. *vél.*

626. Antonin (Marc Aurele) : Pensées, trad. du grec par de Joly. *Paris*, 1773, in-8. *v. fil.*

627. Aquiliani (Sc.) de placitis philosophorum qui ante Aristotelis tempora floruerunt ad principia rerum naturalium et causas motuum assignandas pertinentibus, ed. C. J. Bruckero. *Lips.*, 1756, in-4.

628. Aristotelis ethicorum paraphrasis, ed. D. Heinsio. *Lugd. Bat.*, 1607, in-4. *parch.*

629. Aristoteles : Liber de moribus. *Coloniæ*, *Ulrich Zehl*, in-4. *v. f. fil.*

630. Aristotelis Problemata et Alexandri problemata, Theodoro Gaza interprete. in-8. *v. à comp.*

631. Baumeisteiri Institutiones metaphysicæ. *Wittenbergæ*, 1749, in-8. *br.* — Baumeisteiri (Fr. Ch.) Philosophia recens controversa. *Lipsiæ*, 1749, in-8. *br.*

632. Bilfinger (G. B), de harmonia animi et corporis humani maxime præstabilitata. *Tubingæ*, 1741, in-8. *br.* — Bilfinger (G. B.), De origine et permissione mali. *Tubingæ*, 1743, in-8. *v.*

633. Boetii Consolationes philosophiæ, ad usum Delph. *Lutetiæ Parisiorum*, 1680, in-4. *mar. r. d. s. t.*

634. Boetii Consolationes philosophiæ, ad usum Delph. *Lutetiæ Parisiorum*, 1680, in-4. *v. br.*

635. Boissardus (J. J.), De divinatione et magicis præstigiis. *Oppenheim*, in-fol. fig. *dem. rel.*

636. Brissot de Warville : De la vérité. *Paris*, 1782, in-8. *br.* — Mallet, Quelle est l'influence de la philosophie sur les belles-lettres. *Cassel*, 1772, in-8. *cart.*

637. Bruckeri (J.) Historia critica philosophiæ. *Lipsiæ*, 1767, 6 vol. in-4. *dem. rel.*

638. Brunus (Jordanus), de umbris idearum. *Parisiis*, 1582. — Ars memoriæ. in-8. *mar. v. fil. d. s. t.*

639. Buddei (J. F.), Analecta historiæ philosophicæ. *Halæ*, 1724, in-8. *vél.* — Buddei (J. F.), Elementa philosophiæ practicæ. *Halæ*, 1733, in-8. *dem. rel.*

640. Canzii (Is. G.) Meditationes philosophicæ. *Tubingæ*, 1750, in-4. *br.* — Canzii (Is. G.) Philosophia fudamentalis. *Tubingæ*, 1744, in-8. *br.* — Canzii (J. Th.) Philosophiæ Leibnitianæ et Wolffianæ usus in theologia. *Francof.*, 1749, in-8. — Canzii (J. Th.)

Philosophiæ Wolffianæ consensus cum theologia. *Francof.*, 1737, in-8. *br.*—Canzii (Is. Th.), Theologia naturalis thetico-polemica. *Dresdæ*, 1742, in-8. *br.*

641. Castilhon (L.), Essais de philosophie et de morale, en partie trad. librement et en partie imités de Plutarque. *Bouillon*, 1770, in-8. *v.* — Crillon : De l'homme moral. *Paris*, 1771, in-8.

642. Catonis (D.) Disticha de moribus, cum notis variorum, ed. Arntzenio, *Amstel.*, 1754, in-8. *vél.*

643. Cebetis Tabula, gr. et lat., ed. J. Gronovio. *Amstel.*, 1689, pet. in-8 *br. non rogné.*

644. Chrestomatia platoniana. *Turici*, 1756, in-8. *br.*

645. Cicero (M. T.), De officiis, Cato major, Lælius, Paradoxa, somnium Scipionis, ed. Grævio. *Amst.*, 1688, in-8. rel. en 2 vol. *mar. r. d. s. t.*

646. Cicero (M. T.), De officiis, Cato major, Lælius, Paradoxa, somnium scipionis, cum notis variorum. *Amst.*, 1688, in-8. *v. br.*

647. Cicero (M. T.), De officiis, Cato major, Lælius, Paradoxa, somnium Scipionis, cum notis variorum. *Lugd. Bat.*, 1710, in-8. *vél.*

648. Cicéron : Les offices, trad. en franç. (par Ph. Goisbaud-Dubois). *Paris*, 1692, in-8. *v. br.* — Caton : Distiques en vers latins, français et allemands. *Paris*, an VII, 1798, in-8. *br.*

649. Charron (P.), De la Sagesse, trois livres. nouv. édit. conforme à celle de Bourdeaus, 1601. *Paris*, 1789, 3 vol. in-12. *pap. vél. mar. r. à compart. doublé de moire, charnières en mar. d. s. t.*

650. Charron (P. le), Les trois vérités. *Paris*, 1625, in-8. *parch.*

651. Collection de lettres sur les miracles, par Thero, Covelle, Needham, etc. (Voltaire). *Neüchatel*, 1765, in-8. *cart.*—Discours véritable sur le faict de Marthe Brossier, prétendue demoniaque (par Marescot). *Paris*, 1599, pet. in-8. *br.*

652. De la Place (P.), Traité de la vocation, et manière de vivre à laquelle chacun est appellé. *Paris*, 1578, in-8. *parch.*

653. Delisle de Sales : De la philosophie du bonheur. *Paris*, 1796, 2 vol. in 8. *fig. color. pap. vél. cart.*

654. Des Caurres (J.), Œuvres morales diversifiées en histoires pleines de beaux exemples. *Paris*, 1584, in-8. *parch.*
655. Diderot, Lettre sur les aveugles. *Londres*, 1749. — Berkeley, Dialogues entre Hylas et Philonous, trad. de l'angl. *Amst.*, 1750, pet. in-8. *v.* — Diderot, Lettres sur les sourds et muets. 1751, pet. in-8. *br.*
656. Dumas, Traité du suicide. *Amst.*, 1773, in-8. *v.*
657. Encyclopédie (nouvelle) portative. *Paris*, 1766, 2 vol. in-8. *v.*
658. Epicteti Enchiridion, item Arriani commentarius, gr lat. *Lugd.*, 1600, in-8. *parch.*
659. Epicteti Enchiridion et Cebetis tabula, gr. et lat. *Amstel.*, 1670, in-24. *br.*
660. Fpicteti Dissertationes, nec non Enchiridion et fragmenta, ed. J. Upton. *Londini*, 1741, 2 vol. in-4. *v.*
661. Epicteti Enchiridion, gr. *Glasguæ*, 1751, in-32. *br.*
662. Epicteti Enchiridion, gr. et lat. *Glasguæ*, 1775, in-8. *br.*
663. Epicteti manuale et Cebetis tabula, gr. et lat., ed. Jo. Schweighæuser. *Lipsiæ*, 1798, in-8. *v. porph. fil.*
664. Eremitæ (D.) Aulica vita ac civilis. *Ultraj.*, 1701, in-8.
665. La fable des abeilles ou les fripons devenus honnêtes gens (par Mandeville), trad. de l'angl. *Londres* (*Hollande*), 1740, 4 vol. in-8, *v.*
666. Gassendi (P.) Opera omnia. *Lugd.*, 1658, 6 tom. en 4 vol. in-fol. *vél.*
667. Gaultier, Bibliothèque des philosophes et des sçavans tant anciens que modernes. *Paris*, 1723, 3 vol. in-8.
668. Gellert, Vie et lettres, trad. de l'allemand par Mme D. L. J. *Utrecht.*, 1775, 3 vol. — Le même, Leçons de morale, trad. de l'allem. *Utrecht*, 1772, 2 vol. ens. 5 vol. in 8. *dem. rel. non rogné.*
669. Gomberville (de), La doctrine des mœurs qui représente en cent tableaux la différence des passions. *Paris*, 1688, in-12.
670. Guibelet (J.), Discours philosophiques, comparaison de l'homme avec le monde, etc. *Evreux*, 1603, in-4. — Nancel (N. de), Trois divers traités extraits

et trad. d'une œuvre latin, intitulé ; Analogie ou conférence du petit au grand monde. *Tours*, 1591, in-8.

671. Helvétius, Œuvres. *Paris*, 1792, 5 vol. in-8. *bas.*

672. Histoire des tromperies des prestres et des moines de l'église de Rome. *Rotterd.*, 1693, 2 vol. in-8. *br. non. rogné.*

673. Hobbes : De la nature humaine, trad. de l'angl. *Londres*, 1772, in-8. *br.* — Histoire naturelle de l'ame, trad. de l'angl. de Charp, par feu H. (composée par Lamethrie). *La Haye*, 1745, in-8. *v.*

674. Holbach, Dissertation sur Élie et Enoch. 18e *siècle*, pet. in-8. *v. br.*

675. Holbach, Essai sur les préjugés par D. M. *Londres*, 1770, pet. in-8. *mar. r. fil. d. s. t.*

676. Holbach, Lettres à Sophie. *Londres*, 18e *siècle.* 2 part. en 1 vol. pet. in-8. *v.*

677. Holbach, Les prêtres démasqués ou des iniquités du clergé chrétien. *Londres*, 1768, in-8. *br.*

678. Holbach, Réflexions impartiales sur l'évangile. *Londres*, 1769, in-8. *br.*

679. Holbach, Système de la nature. *Londres*, 1780. — Discours préliminaire. — Sentiment de Voltaire sur le Système de la nature. — Réquisitoire contre le Systême de la nature, la Contagion sacrée, etc. — Réplique au réquisitoire, 2 vol. in-8. *v.* — Castillon (J. de), Observations sur le livre intitulé Systême de la nature. *Berlin*, 1771, in-8. *br.*

680. Holbach, Systême de la nature. *Londres* (Suisse), 1774, 2 vol. in-8. *br.*

681. Holbach, Systême social. *Londres* (*Hollande*), 1783, 2 tom. en 1 vol. in-8. *v.*

682. Huarte (J.), Examen de ingenios para las sciencias. *Officina Plantiniana*, 1593, in-8. *parch.*

683. Jacobus Angliæ etc. rex : Dæmonologia hoc est adversus incantationem sive magiam institutio. *Hanoviæ*, 1604, petit in-12. *parch.* — Naudé, Apologie pour les grands hommes soupçonnés de magie. *Amst.* 1712, pet. in-8. *v. br.*

684. Juliani imper. Opera, ed. P. Martinio et C. Cantoclaro. *Paris*, 1583, in-8. *parch.*

685. Julien, Défense du paganisme, en grec et en franç.,

avec notes par D'Argens. *Berlin*, 1767, 2 vol. in-8. *br*.

686. Kantii Opera ad philosophiam, latine a Born. *Lipsiæ*, 1796, 4 vol. in-8. *cart*.

687. Kornmanni (H.) Templum naturæ historicum. *Darmstadii*, 1611, in-8. *vél*.

688. Labene, de l'éducation dans les grandes républiques. an III, in-8. *br*.— Lettre sur l'éducation publique (par l'abbé le Roi). *Paris*, 1777, in-8. *v*.

689. Le Prince de Beaumont, Magasin des enfants. 1768, 2 vol. in-12. *v*. — Magasin des adolescentes. 1768, 2 vol. in-12. *v*.—Éducation complète, 1762, 3 vol. in-12. *v*. — Mémoires de la baronne de Batteville, 1766, in-12. *v*. — Contes moraux. 1774, 2 vol. in-12. *v*.

690. Locke's Works. *London*, 1777, 4 vol. in-4. *cuir de Russie*.

691. Maldini (J. J.), Mirabilia mundi. *Augustæ Vindelicorum*, 1754, in-8. *fi*. *br*.

692. Maréchal (Sylvain), Dictionnaire des honnêtes gens. *Paris*, 1791, in-8. *br*.

693. Maupertuis (de), Essai de philosophie morale. 1751. — Terrasson, la philosophie applicable à tous les objets de l'esprit et de la raison. *Paris*, 1754, pet. in-8. *v*.— Essai de métaphysique ou principes sur la nature et les opérations de l'esprit (par Mey). *Paris*, 1756, in-8. *v*.

694. Maximi Tyrii sermones sive disputationes XLI. græce, nunc primum editæ. *Parisiis, H. Stephanus*, 1557, in-8. *mar. cit. fil. d. s. t.*

Première édition.

695. Maximi Tyrii Dissertationes philosophicæ, cum notis D. Heinsii. *Lugd. Bat.*, 1614. in-8. *vél*.

696. De miraculis quæ Pythagoræ, Apollonio Tyanensi, Francisco Assisio, Dominico et Ignatio Lojolæ tribuuntur, autore Phileleutero (Jac. Zimmermann). *Duaci*, 1734, in-8. *br*.

697. Le Monde, par Adam Fitz Adams. *Leyde*, 1757, 2 vol. in-12. *v*. (*avec les cartons*).

698. Mich. Montaigne, Essais, avec notes de P. Coste. *Londres*, 1724, 3 vol. in-4. *portr. v*.

699. Montaigne, Essais. *Amst.* (*Lyon*), 1781, 3 vol. pet. in-8. *br*.

700. Morales (les) d'Épictète, de Socrate, de Plutarque et de Sénèque. *Au chasteau de Richelieu*, 1653, in-12. *v. br.*

701. Nazaréen (le) ou le Christianisme des Juifs, des Gentils et des Mahométans, par Toland. *Londres*, 1777, in-8. *br.*

702. Nemesii de natura hominis liber : latinè conversus A. N. Ellebodio, gr. et lat. *Antverp.*, 1565, in-8. *parch.*

703. Nollii (H.) Naturæ sanctuarium quod est physica hermetica. *Francof.*, 1619, in-8. *parch.*

704. Nostradamus (Mic.), Vraies centuries et prophéties. *Paris*, 1668, in-12. *parch.*

705. Oporini (J.) Historia critica doctrinæ de immortalitate mortalium. *Hamb.* 1735, in-8. *vél.*—Bevœrovicii Epistolica quæstio de vitæ termino fatali ac mobili. *Dordrechti*, 1634, in-8. *v. br.*

706. Origine des premières sociétés des peuples, des sciences, des arts et des idiomes anciens et modernes (par Poinsinet de Sivry). *Paris*, 1769, in-8. *cart.*

707. Petite encyclopédie ou dictionnaire des philosophes (par Chaumeix). *Anvers* in-8. *v.*

708. Petrarche (Fr.) de remediis utriusque fortune. in-fol. *mar. r. fil. d. s. t.*

Manuscrit sur vélin.

709. Petri Hyspani Logica memorativa chartitudium logice sive totius dialectice memoria cum jucundo exercitio Thomæ Murner. *Argentinæ*, 1509, in-8. *v. fil.*

Premiers élémens de mnémonique.

710. Platonis Opera, cum notis J. Serrani. *Parisiis Henr. Stephanus*, 1578, 3 vol. in-fol. *mar. v. fil. d. s. tr.* (*ancienne reliure*).

711. Platonis Euthyphro, Apologia Socratis, Crito, Phædo. græce, ed. J. Fr. Fischero. *Lipsiæ*, 1773, in-8. *br.*

712. Platonis Parmenides, ed. J. G. Thomson. *Oxonii*, 1728, in-8. *br.*

713. Plutarchi de sera numinis vindicta, ed. D. Wyttenbach. *Lugd. Bat.*, 1772, in-8. *br.*

714. Plutarque, Traité sur la manière de discerner un flatteur d'avec un ami, et le Banquet des sept sages,

avec une version françoise et des notes, par Laporte Dutheil. 1772, in-8. *v.*

715. Posidonii Rhodii Reliquiæ doctrinæ, collegit atque illustravit J. Bake, accedit Wyttenbachii annotatio. *Lugd. Bat.*, 1810, in-8. *br.*

716. Scholia in Platonem ex codicibus manusc. collegit D. Ruhnkenius. *Lugd. Bat.*, 1800, in-8. *dem. rel.*

717. Stanleius (Th.), Historia philosophiæ. *Lipsiæ*, 1711, in-4.

718. Thomasii (Chr.), Historia sapientiæ et stultitiæ. *Halæ Magdeb.*, 1693, 3 tom, en 1 vol. in-8. *cart.*

719. Trattenimenti d'Ippocrate sopra i teatri moderni indirizzati da Filocle a un cavaliere italiano. *Lucca*, 1784, in-12. *mar. r. fil. d. s. t.*

720. Venius (Otho), Théâtre moral de la vie humaine, en tableaux expliqués par Gomberville. *Bruxelles*, 1672, in-fol. *fig. v. br.*

721. Willis, De animâ brutorum. *Amstel.*, 1672, in-8. *vél.*

722. Xenophontis Memorabilia, cum apologia Socratis, gr. et lat., cum notis Ed. Young. *Glasguæ*, 1826, in-8. *br.*

Politique. — Économie politique.

723. Baudeau, Idées d'un citoyen sur les besoins, les droits et les devoirs des vrais pauvres. *Paris*, 1765, in-8. *dem. rel.* — Essai sur les moyens d'améliorer en France la condition des laboureurs (par Cliquot de Blervache). 1789, 2 tom. en 1 vol. in-8. *v.* — Hocquart de Coubron, Nouvelles vues sur l'administration des finances et sur l'allégement de l'impôt. *La Haye* (*Paris*) 1785, in-8. *v. f. fil.*

724. Bielfeld : Institutions politiques. Leyde, 1760, 3 vol. in-4. *dem. rel.*

725. Bodini (J.) de republica, libri VI, latine ab autore redditi. *Paris.*, 1586, in-fol. *mar. r. d. s. t.*

726. Bolingbroke, Lettres sur l'esprit de patriotisme, trad. de l'angl. *Londres* (*Paris*,), 1750, in-8. *v.* — Influence du despotisme de l'Angleterre sur les deux mondes (attribué à Beaumarchais par Char-

don La Rochette). in-8. *br.* — Lettre à la chambre du commerce de Normandie sur le mém. qu'elle a publié relativement au traité de commerce avec l'Angleterre (par Dupont de Nemours). *Paris*, 1788. in-8. *br.* — Le bonhomme anglois (contre Linguet). *Amst.*, 1783, in-8. *br.*

727. Broggia : Trattato de tributi delle monete e del governo politico delle sanita. *Napoli*, 1743, in-8. *cart.*

728. Castiglione, il libro del cortegiano. *Venetia*, 1541, in-8. *parch.*

729. Chamousset, Œuvres complettes contenant ses projets d'humanité, de bienfaisance, etc. *Paris*, 1783, 2 vol. in-8. *bas.*

730. Clavigny (de), Politique des souverains. *Caen*, in-8. *v.* (*De la bibliothèque de la Malmaison*). — Gouste (Cl.), Traicté de la puissance et authorité des rois *Paris*, 1561, in-8. *v.*

731. Considérations sur les richesses et le luxe (par Sénac de Meilhan). *Paris*, 1787, in-8. *v.*

732. Cordier, Histoire de la navigation intérieure. *Paris*, 1819, in-8. *br.* tome 1er.

733. Delacroix, Constitutions des principaux états de l'Europe et des Etats Unis. *Paris*, 1793, 6 vol. in-8. *v.*

734. Delolme, Constitution of England. *London*, 1790, in-8. *v.* — Delolme, Constitution de l'Angleterre. *Amst.*, 1771, in-8. *v.*

735. Duni, Origine e progressi del citadino e del governo civile di Roma. *Roma*, 1763, in-8. tome 1er. *parch.* — Macchiavel, Discours politiques sur Tite Live. *Amst.*, 1681, in-8.

736. Dusaulchoy, Mémoire sur le commerce des Indes orientales. *Paris*, an X, in-8. *br.* — Dussausoy, Le citoyen désintéressé. *Paris*, 1777, 2 tom. en 1 vol. in-8. *v.*

737. Ferrier, Du gouvernement considéré dans ses rapports avec le commerce. *Paris*, 1805, in-8. *c.* — Essai sur la marine et sur le commerce (par Deslandes). 1743, in-8.

738. Frédéric, Examen du prince de Machiavel. *La Haye*, 1740, in-8. *v.* — Discours sur les moyens

de bien gouverner et maintenir en bonne paix un royaume contre N. Machiavel (par Gentillet). 1576, in-8. *v.*

739. Histoire raisonnée des fonds publics de tous les états d'Europe et de l'Amérique. *Amst.*, 1824, in-4. *cart.*

740. (Holbach), Politique naturelle. *Londres* (*Hollande*), 1773, 2 tom. *rel.* en 1. vol. in-8. *v.*

741. (Holbach), Recherches sur l'origine du despotisme oriental. 1761, in-8. *v.*

742. Huet, Histoire du commerce et de la navigation des anciens. *Lyon*, 1763, in-8. *v.*

743. Isnard, Cathéchisme social. *Paris*, 1784, in-8. *d. r.* — Le citoyen françois ou mémoires historiques, politiques, etc., (par Legras). *Londres*, 1785, in-8. *bas.*

744. Locke, Traité du gouvernement civil, trad. de l'angl. *Paris*, an III, in-8. *br.*

745. Manuel historique géographique et politique des négocians. *Lyon*, 1762, 3 vol. in-8. *v.*

746. (Mirabeau), Lettres pour servir de suite à l'ami des hommes. *Avignon*, 1760, in-8. *br.* — Mémoires sur les finances. *Paris*, 1774, in-8. *v.* — Cras (H. C.), La sagesse du souverain dans les moyens de rendre le commerce florissant. *Leyde*, 1773, in-8. *v.*

747. Le mode françois ou discours sur les principaux usages de la nation françoise (par Sobry). *Londres*, 1786, in-8. *v.*

748. Naudé (G.), Considérations sur les coups d'estats. *Rome*, 1639, in-4. *v. br.*

749. Platonis de republica libri X, ed. Edm. Massey. *Cantabrigiæ*, 1713, in-8.

750. Rasmussen de orientis commercio cum Russia et Scandinavia, mædio ævo. *Hauniæ*, 1725, in-4. *br.*

751. Wicquefort, L'ambassadeur et ses fonctions. *La Haye*, 1724, 2 vol. in-4.

752. Wicquefort, L'ambassadeur et ses fonctions. *Amst.*, 1730, 3 vol. in-4. *v. br.*

Physique. — Chimie. — Alchimie.

753. Aldini de animali electricitate. *Bononiæ.*, 1794, in-fol. (*avec envoi autographe de l'auteur*).
754. Annales de chimie. *Paris*, 1789 et années suivantes in-8. tom. 1 à 15, 19 à 44, 60 et table des 30 premiers volumes.
755. Bonnet, Considerations sur les corps organisés. *Amst.*, 1762, 2 vol. in-8. *v.*
756. Cavallo (T.), Traité complet de l'électricité, trad. de l'angl. *Paris*, 1775, in-8. *dem. rel.* — Rabiqueau, Spectacle du feu élémentaire ou cours d'électricité expérimentale. in-8. fig.
757. Côtes (R.), Leçons de physique expérimentale sur l'équilibre des liqueurs et sur la nature de la propriété de l'air. *Paris*, 1742, in-8. *v.* — Grégoire, Mémoire sur les couleurs des bulles de savon. *Paris*, 1789, in-8. *br.*
758. Deluc, Lettres physiques et morales sur les montagnes et sur l'histoire de la terre et de l'homme. *La Haye*, 1778, in-8. *br.*
759. Deluc, Lettres physiques et morales sur les montagnes et sur l'histoire de la terre et de l'homme. *La Haye*, 1778-1779, 7 vol. in-8. *bas.*
760. Deluc, Recherches sur les modifications de l'atmosphère. *Paris*, 1784, 4 vol. in-8. *v. fil.*
761. Dissertationes academicæ Upsaliæ habitæ. *Gottingæ*, 1799, 3 vol. in-8. fig. *br.*
762. Groschedelii proteus mercurialis geminus exhibens operis philosophici theoriam et praxim. 1629. — Benedicti explanatio in tincturam physicorum T. Paracelsi. 1623. — Raym. Lulli libelli chemici. 1600, in-8.
763. Henin de Cuvillers (le Baron), Magnétisme animal retrouvé dans l'antiquité *Paris*, 1821, in-8. *br.* — (Paulet), L'antimagnétisme ou origine, progrès, décadence, renouvellement et réfutation du magnétisme animal. *Londres* (*Paris*), 1784. — Nouvelle découverte sur le magnétisme animal. in-8. *dem. rel.*

764. Lullii (Raym), Opera. *Argentorati*, 1651, in-8. *v. br.*

765. Nuisement, Traitez de l'harmonie et constitution généralle du vray sel. 1621. — Poeme philosophic de la vérité de la physique minéralle. *Paris*, 1620, in-8. *vél.*

766. Physique françoise comprenant en treize livres, l'un d'Aristote, onze de Basile et un de J. Damascene, le discours des choses naturelles tant célestes, etc., trad. du grec par Lambert Daneau. *Genève*, 1581, in-8. *v. f.* — Musschenbroek (P. Van), Institutiones physicæ. *Lugd. Bat.*, 1748, in-8. *fig. v.*

767. Pilote de l'onde vive ou le secret du flux et du reflux de la mer et du point fixe (par Eyquem du Martineau). *Paris*, 1678, in-12. *broc. non rogné.*

768. Secrets (les) et les fraudes de la chimie et de la pharmacie moderne dévoilés, trad. de l'angl. *La Haye*, 1759, in-8. *br.*

769. Spallanzani, Dissertazioni di fisica animale e vegetabile. *Modena*, 1780, 2 vol. in-8. *bas.* — Spallanzani, Nouvelles recherches sur les découvertes microscopiques et la génération des corps organisés, trad. par Regley, avec notes de Needham. *Paris*, 1769, in-8. *bas.*

770. Theatrum chemicum, præcipuos selectorum auctorum tractatus de chemia et lapide philosophico continens. *Argentorati*, 1659, 6 vol. in-8. *vél.*

771. Tressan (le comte de), Essai sur le fluide electrique considéré comme agent universel. *Paris*, 1786, 2 vol. in-8. *v.* — Mémoire (1er et 2e) physique et médical montrant des rapports évidens entre les phénomènes de la baguette divinatoire, du magnétisme et de l'électricité. *Paris*, 1781-1784, in-8. *v.*

772. Wallerii (J. G.) Elementa metallurgiæ speciatim chemicæ conscripta. *Holmiæ*, 1768, in-8. *fig. v.* — Urb. Hierne Acta chemica holmiensia. *Stockholmiæ*, 1753, 2 tom en 1 vol. in-8. *fig. v.*

SCIENCES NATURELLES.

Histoire naturelle. — Botanique. — Minéralogie. — Zoologie, etc.

773. Ælianus, de natura animalium, ed. Gronovio. *Basileæ*, 1750, 2 vol. in-4. *cart.*

773 *bis* Baldinger index plantarum horti et agri Jenensis. *Gottingæ*, 1773, in-8. *br.* — Historia mercurii et mercurialium. *Gottingæ*, 1783, 2 part. in-8. *br.*

774. Bergii Descriptiones plantarum ex capite bonæ-spei. *Stockholmiæ*, 1767, in-8. *fig. br.*

775. Belleval (Richer de), Opuscules auxquels on a joint un traité d'Olivier de Serres, sur la manière de travailler l'écorce du murier blanc, nouv. édit., par Broussonet. *Paris*, 1785, in-8. *fig. br.* — Colas, Manuel du cultivateur dans le vignoble d'Orléans, utile à tous les autres vignobles. *Orléans*, 1770, in-8. *v. fil.* — Pierard, Mémoire sur la culture des arbres à cidre. *Paris*, 1821, in-8. *br.*

776. Blackwell's Curious herbal. *London*, 1739, 2 vol. in-fol. *mar. r. fil. d. s. tr.*

Relié par Derome.

777. Boehmeri (G. R.) Flora Lipsiæ indigena. *Lipsiæ*, 1750, in-8. *br.*

778. Boot (de), Gemmarum et lapidum historia. *Lugd. Bat.*, 1647, in-8. *mar. r. d. s. t.*

779. Bohadsch (J. B.), De quibusdam animalibus marinis eorumque proprietatibus. *Dresdæ*, 1761, in-4. *fig. b.*

780. Borlase's (W.) The natural history of Cornwall. *Oxford*, 1758, in-fol. *fig. cart.*

781. Born, Lythophylacium Bornianum. *Pragæ*, 1772, 2 vol. in-8.

782. Bridel (S. E.), Muscologia recentiorum seu analysis, historia et descriptio omnium muscorum frondosorum. *Gothæ*, 1797, 4 vol. — Supplementum. *Gothæ*, 1806, 4 vol. ensemble 8 vol. in-4. *cart.*

783. Brown (P.), Nouvelles illustrations de zoologie. *Londres*, 1776, in-4. *fig. color. dem. rel. dos de cuir de Russie.*

784. **Bruckmann magnalia dei in locis subterraneis.** *Brunsvig.*, 1727, in-fol. *fig. vélin*, (*texte en allemand.*)

785. **Caii (J.) De canibus britannicis, de variorum animalium et stirpium historia, ed. S Jebb.** *Londini*, 1729, in-8. *dem. rel. dos de vél.*

786. **Catalogue des curiosités de la nature et de l'art, qui composent le cabinet de Davila.** *Paris*, 1767, 3 vol. in-8. *v.*

Avec prix manuscrits.

787. **Cederhielm (J.) Faunæ ingricæ prodromus exhibens methodicam descriptionem insectorum agri Petropolensis.** *Lipsiæ*, 1798, in-8. *fig. color. br.*

788. **Chaisneau, Atlas d'histoire naturelle ou collection de tableaux relatifs aux trois règnes de la nature.** *Paris*, an XI, in-4. *br.*

789. **Crantz (H. J. N.) Institutiones rei herbariæ.** *Viennæ*, 1766, 2 vol. in-8. *br.*

790. **Crantz (H. J. N.) Stirpes austriacæ.** *Viennæ*, 1769, 2 vol. in-4. *fig. br.*

791. **Darluc, Histoire naturelle de la Provence.** *Avignon*, 1782, 3 vol. in-8. *v.*

792. **Delarbre, Flore d'Auvergne ou recueil des plantes de cette cidevant province.** *Clermont Ferrand*, 1795, in-8. *dem. rel.*

793. **Dillwyn (L. Weston.) British confervæ.** *London*, 1809, in-4. *fig. color. cart.*

794. **Diversitez (les) naturelles de l'univers, de la création et origines de toutes choses, divisez en douze journées, par L. S. D. L. B.** *Paris*, 1628, in-8. *parch.*

Avec une longue note que tout porte à croire de la main de *Callot.*

795. **Dolomieu, Mémoire sur les îles Ponces et catalogue des produits de l'Etna.** *Paris*, 1788, in-8. *fig. bas.*

796. **Ducouedic, Feux crépusculaires ou moyens faciles et naturels de détruire tous les insectes dévastateurs des vignobles, etc.** *Paris*, 1813, in-8. *fig. br.* — **Bucquet, Mémoire sur la manière dont les animaux sont affectés par différens fluides aériformes, méphitiques et sur les moyens de remédier aux effets de ces fluides.** *Paris*, 1778, in-8. *br.*

797. Dufour, Traités du caffé, du thé et du chocolate. *Lyon*, 1685, in-12.

798. Dulac (Alléon), Mémoires pour servir à l'histoire naturelle des provinces de Lyonnois, Forez et Beaujolois. *Lyon*, 1765, 2 vol. in-8. *fig. dem. rel.*

799. Duppa's (R.) Illustrations of the lotus of the ancients and Tamara of India. *Lond.*, 1816, in-fol. *fig. color. cart.*

Imprimé à 25 ex.

800. Dutrône, Histoire de la canne et précis sur les moyens de la cultiver et d'en extraire le sucre. *Paris*, an X, (1801), in-8. *fig. cart.*

801. Fabricii (J. Chr.) Entomologia systematica emendata et aucta. *Hafniæ*, 1792, 2 vol. in-8. *br.*

802. Fauna insectorum Fridrichsdalina. *Hafniæ*, 1764, in-8. *br.*

803. Faujas de St. Fond, Minéralogie des volcans ou description de toutes les substances produites ou rejetées par les feux souterrains. *Paris*, in-8. *fig. v.* — Braunius (J. A.) de insignioribus telluris mutationibus. *Petropoli*, 1757, in-4. *br.* — J. C. Recupiti de vesuviano incendio nuntius. *Neapoli*, 1633, in-8. *parch.*

804. Forster, De plantis esculentis insularum oceani australis. *Berol.*, 1786, in-8. *br.*

805. Fournier, Dissertatio de metallis. *Viennæ*, 1777, in-8. — Collini, Journal d'un voyage qui contient différentes observations minéralogiques. *Mannheim*, 1776, in-8. *fig. dem. rel.*

806. Franci castorologia. *Aug. Vind.*, 1685, in-8. *d. r.*

807. Frattegiano, La minera del mondo. *Venet.*, 1589, in-8. *cart.* — J. Fr. Gronovii Index supellectilis lapideæ. *Lugd. Bat.*, 1750, in-8. *v.*

808. Fremery, De casuario Hollandiæ. *Traj. R.*, 1819, in-8. *br.*

809. Gattenhoff, Stirpes agri et horti Heidelbergensis. *Heidelb.*, 1782, in-8. *br.*

810. Gemma (C.) de natura divinis characterismis. *Antverpiæ*, 1575, 2 tom. en 1 vol. pet. in-8. *v.*

811. Gensanne, Histoire naturelle de la province de Languedoc. *Montpellier*, 1776, 5 vol. in-8. *dem. rel.* — Soulavie, Histoire naturelle de la France

méridionale, seconde partie, végétaux tome 1er. *Paris*, 1783, in-8. *br.*

812. Gerardin (S.), Tableau élémentaire d'ornithologie ou histoire naturelle des oiseaux que l'on rencontre communément en France. *Paris*, 1806, 2 vol. in-8. et atlas, *br.*

813. Gessneri (Conr.) Opera botanica. *Norimbergæ*, 1751, *fig.* — Historia plantarum. *Norimbergæ*, 1759, *fig. color.* in-fol. *cart.*

814. Gigantologie, histoire de la grandeur des géans, (par Riolan). *Paris*, 1618, in-8. *v.*

815. Giobert, Traité sur le pastel et l'extraction de son indigo. *Paris*, 1813, in-8. *fig. pap. vél. br.*

816. Gravenhorst, Coleoptera microptera Brunswicensia, *Brunsw.*, 1802, in-8. *b.* — Gravenhorst, Monographia coleopterum micropterorum. *Gottingæ*, 1806. in-8. *b.*

817. Gussmann, Lythophylacium mitisianum. *Viennæ*, 1785, in-8. *br.*

818. Hamilton (Fr.), An account of the fishes found in the river of Ganges and its branches. *London*, 1822, in-4. et atlas, *cart.*

819. Hedelin (F.), Des satyres brutes, monstres et démons. *Paris*, 1627, in-8.

820. Hermanni (P.) Horti academici Lugduno Batavi Catalogus. *Lugd. Bat.*, 1687, in-8. *fig. vél.*

821. Hochberger, De docimasia biomantica Berndtiana. *Pragæ*, 1829, in-8. *br.* — Comitibus (L. de), Metallorum ac metallicorum naturæ operum elucidatio. *Col. Agr.*, 1665, in-8.

822. Hughes's natural history of Barbados. *London*, 1750, in-fol. *fig. color. v.*

823. Isaaci (J.) Opera mineralia et vegetabilia. *Arnhemi*, 1616, pet. in-8. *v.*

824. Jacquin (N. J.) Enumeratio stirpium quæ sponte crescunt in agro vindobonensi montibusque confinibus. *Vindobonæ*, 1762, in-8. *cart.*

825. Jacquin (N. J.) Selectarum stirpium americanarum historia. *Vindobonæ*, 1763, in-fol. *cart. à la bradel.*

826. Jeffries (D.), Traité des diamans et des perles, trad. de l'angl. *Paris*, 1753, in-8. *fig. v.*

827. Kampen (N. Van), Traité des fleurs à oignons. *Harlem*, 1760, in 8. *fig. br.* — Woorhelm (G.), Traité sur la jacinthe. *Harlem*, 1752, in-8. *fig. parch. vert.*

828. Koestlin (C. H.), Lettres sur l'histoire naturelle de l'isle d'Elbe. *Vienne*, 1780, in-8. *br.*

829. Linné (C. a) Collectio epistolarum quas ad viros illustres et clarissimos scripsit, ed. D. H. Stroever. *Hamburgi*, 1792, in-8. *br.* — Revue générale des écrits de Linné, par R. Pulteney, trad. par Millin. *Paris*, 1789, 2 vol. in-8. *v.*

830. Linnæi (C.) Flora lapponica, ed. J. Smith. *Lond.*, 1792, in-8. *cart.*

831. Linnæi (C.) Flora suecica. *Stockholmiæ*, 1755, in-8. *br.*

832. Linne (C. a) Genera plantarum curante Th. Haenke. *Vindobonæ*, 1791, 2 vol. in-8. *br.* — Linne Systema plantarum Europæ, curante J. E. Gilibert. *Coloniæ Allobr.*, 1785-1786, 2 vol. in-8. *br.*

834. Linné Nomenclator botanicus, cur. E. A. Raeuschel. *Lipsiæ*, 1796, in-8. *br.*

835. Linné (C. a) Termini botanici cum interpretatione germanica cur. P. D. Giseke. *Hamburgi*, 1787, in-8. *br.* — Linnæi (C.) fundamentorum botanicorum pars secunda, curante Gilibert. *Coloniæ Allobrogum*, 1787, in-8. *parch.*

836. Loureiro (J. de) Flora cochinchinensis, cum notis C. L. Wildenow. *Berolini*, 1793, 2 vol. in-8. *br.*

837. Marbodi liber lapidum seu de gemmis, cum notis J. Bechmanni, Pictorii, Alardi, Cornarii. *Gottingæ*, 1799, in-8. *br.*

838. Martii Cryptogamica erlangensis. *Norimb.*, 1817, in-8. *d. r.*

839. Mémoire instructif sur la manière de rassembler, de préparer, de conserver et d'envoyer les diverses curiosités d'histoire naturelle. *Lyon*, 1758, in-8. *fig. v.* — Observations sur la structure des yeux de divers insectes et sur la trompe des papillons. *Lyon*, 1706, in-8. *fig. v.*

840. Mercure indien ou trésor des Indes, par P. D. R. (P. de Romel.). *Paris*, 1667, 2 part. en 1 vol. in-8. *parch.*

841. Miler, Essai sur les arbres d'ornement, les arbrisseaux et arbustes de pleine terre. *Paris*, 1778. — Gerardin, De la composition des paysages. *Paris*, 1777, in-8. *dem. rel.* — Nouvelles observations et attestations sur la transcendance du bois de mélèze dans les constructions, tant de terre que de mer, (par Quatremère Disjonval), avec une trad. en holl. (par Marron). *Dordrecht*, 1803, in-8.

842. Modeer (Ad.), Bibliotheca helminthologica. *Erlangæ*, 1786, in-8. *v. fil.*

843. Morton's, The natural history of Northamptonshire with some account of the antiquities. *London*, 1712, in-fol. *fig. vél.*

844. Mulder commentarius de entozois. *Traj. R.*, 1823, in-8. *br.*

845. Muller (O. F.), Entomostraca seu insecta testacea aquarum Daniæ et Norvegiæ. *Lipsiæ*, 1785, in-4. *br.*

846. Muller (O. Fr.) Vermium terrestrium et fluviatilium historia. *Hauniæ*, 1773, in-4. *cart.*

847. Nicol (W.), Gardener's kalendar or directory of operations in every branch of horticulture. *Edimb.*, 1812, in-8. *cart.* — Foreing fruit and kitchen gardener. *Edimb.*, 1802, in-8. *cart.* — Planter's guide or the nurseryman's and forester's guide. *Edimb.*, 1812, in-8. *cart.*

848. Parmentier, Recherches sur les végétaux nourrissans. *Paris*, 1781, in-8. *bas.* — J. Ellis, Description du magostan et du fruit à pain, trad. de l'angl. *Rouen*, 1779, in-8. *fig. v.*

849. Phile, de animalium proprietate, ed. J. C. de Pauw. *Traj. ad Rhenum*, 1730, in-4.

850. Planci (J.) De conchis minus notis liber. *Venetiis*, 1739, in-fol. *fig. cart.*

851. Plinii (C.) Secundi historia naturalis, ad usum delphini. *Parisiis*, 1685, 5 vol. in-4. *v. br.*

852. Plinii (C.) Secundi historiæ naturalis libri XXXVII. ed. G. Brotier. *Parisiis, Barbou*, 1779, 6 vol. in-12. *br.*

853. Plumier, Traité des fougères de l'Amérique. *Paris*, 1705, in-fol. *fig. v.*

854. Pryce (W.), Mineralogia Cornubiensis : a treatise on minerals, mines and mining. *London*, 1778, in-fol. *fig. dem. rel.*

855. Psellus de lapidum virtutibus, gr. et lat. cum notis Maussaci et Bernard. *Lugd. Bat.*, 1745, in-8. *br.*

856. Raii (J.) Stirpium europæarum extra britannias nascentium sylloge. *Londini*, 1694, in-8. *v. br.*

857. Recueil contenant :

Manetti, Viridarium florentinum. *Florentiæ*, 1751.—Beauvais de Préau, Essai sur la topographie d'Olivet. *Orléans*, 1784. — Hortus Aurelianensis. 1784. — Morand, Observation d'histoire naturelle et de pharmacie. 1751. — Buchoz, Histoire générale et économique des trois règnes de la nature (prospectus). *Paris*, 1778.—Mémoire sur l'agriculture. *Neufchatel*, 1779. — Sieuve, Mémoire et journal d'observations et d'expériences sur les moyens de garantir les olives de la piqure des insectes. *Paris*, 1769, *fig.* in-8. *v. f. fil.*

858. Recueil contenant :

Baer (de), Recherches sur les maladies épizootiques. *Paris*, 1776. — Hurel, Le farcin. *Paris*, 1770. — Hurel, Traité du farcin. *Paris*, 1775.—Lafosse, Dissertation sur la morve. *Paris*, 1761. — Fournier, Observations sur la nature, les causes et le traitement de la maladie épidémique des chiens. *Dijon*, 1775. — Harpur, Recettes pour les maladies des chevaux. *Lausanne*, 1761. — Buchoz, Lettres sur l'art vétérinaire et les animaux domestiques, 1770. — Pichard et Sauvigne, Souscription pour se procurer du foin d'avoine. 1779. — Bourgelat, Reglement pour les écoles vétérinaires. *Paris*, 1777, in-8. *v. f.*

859. Recueil contenant :

Lafosse, Traité des accidens qui arrivent dans le sabot du cheval. 1754, *fig.*—Dupin, manière de perfectionner les voitures. 1753, *fig.* — Lafosse, Observations et découvertes faites sur des chevaux avec une nouvelle pratique sur la ferrure. *Paris*, 1754. *fig.* — Lafosse, Traité sur le véritable siège de la morve des chevaux et les moyens d'y remédier. *Paris*, 1749, *fig.* — Lafosse, Nouvelle pratique de ferrer les chevaux. *Paris*, 1756, *fig.* — Lafosse, Nouvelle pratique de ferrer les chevaux. 1758, *fig.* — J. B. M. Sagar, libellus de morbo singulari ovium anni 1765. *Vindobonæ*, 1765. — Grignon, Observations sur les epizooties contagieuses. *Paris*, 1776.—Brasdor, Lettre sur les observations de Grignon sur les epizooties. 1776, in-8. *v. f.*

860. Relhan (R.) Flora cantabrigiensis. *Cantabrigiæ*, 1785, in-8. *br.*

861. Robert, Bosse et Chatillon, Recueil de plantes. 2 vol. in-fol. *v.*

862. (Robinet), De la nature. *Amsterdam*, 1761, 4 vol. in-8. *fig. v. f.* — Robinet, Considérations philosophiques de la gradation naturelle des formes de l'être. *Paris*, 1768, in-8. *fig. br.*

863. Rothii tentamen floræ germanicæ. *Lipsiæ*, 1788, 2 vol. in-8. *br*.

864. Roth, novæ plantarum species præsertim Indiæ orientalis. *Halbers.*, 1821, in-8. *br*.

865. Sachs, Gammarologia sive cancrorum consideratio. *Francof.*, 1665, in-8. *fig*.

866. Salines, Salpêtre :

Al. Besson, Rapport sur les salines et sources salées. *Paris*, an IV, in-8. *br*. — Nicolas, Mémoire sur les salines de la république. *Nancy*, in-8. *br*. — Observations sur le travail des eaux mères de salpêtre et sur celui des eaux d'atelier, par les régisseurs des poudres et salpêtres *Paris*, 1778, in-8. — Recueil de mémoires et d'observations sur la formation et la fabrication du salpêtre, par les commissaires de l'Académie *Paris*, 1776, in-8. *fig*.

867. Schaeffer (J. Chr.), Botanica expeditior. *Ratisbonæ*, 1762, 2 vol. — Ejusdem Isagoge in botanicam expeditiorem. *Ratisbonæ*, 1759, in-8. ens. 3 vol. *fig. color. dem. rel.*

868. Schaeffer (J. Chr.), Isagoge in botanicam expeditiorem. *Ratisbonæ*, 1759, in 8. *fig. color. v.*

869. Schönbauer (V.), Mineræ metallorum Hungariæ et Transilvaniæ. *Viennæ*, 1809, 2 vol. in-8. *cart.*

870. Smith, Flora britannica, ed. Roemer. *Turici*, 1804, 3 vol. in-8. *br*.

871. Stephani (C.) Prædium rusticum. *Parisiis*, 1629, in-8. *v. br*. — J. P. Vogleri Schediasma botanicum de duabus graminum speciebus. *Giessæ*, 1776, in-8. *br*.

872. Sturmii corticis china chinæ ejusque virtutum et virium descriptio. *Hag. Com.*, 1681, in-12.

873. Sutieres-Sarcey (de), Cours complet d'agricultue. *Paris*, 1788, in-8. *fig. parch.* — Toggia, Memoria sulla moltiplicazione, miglioramento e conservazione della specie bovine ne' paesi si di pianura, che di montagna. *Vercelli*, 1787. in-8. *br*.

874. Swartz, Nova genera et species plantarum. *Holmiæ*, 1788, in-8. *br*.

875. Swedenborgii (E.) Oeconomia regni animalis. *Amstel.*, 1742. in-4.

876. Thunberg (C. P.), Flora japonica. *Lipsiæ*, 1784, in-8. *fig. br*.

877. Tournefort, Elémens de botanique. *Paris*, 1694, 3 vol. in-8. *fig. v.*

878. Vahlii (M.) Enumeratio plantarum, vel ab aliis, vel ab ipso observatarum, cum earum differentiis specificis, synonymis selectis et descriptionibus succinctis. *Hauniæ*, 1804-1805, 2 vol. in-8. *pap. fort. cart.*

879. Ventenat, Choix de plantes dont la plupart sont cultivées dans le jardin de Cels. *Paris*, an XI (1803), in-fol. *fig. pap. vél. dem. rel. dos de mar. r. n. rog.*

880. Ventenat, Description des plantes nouvelles et peu connues, cultivées dans le jardin de Cels. *Paris*, an VIII, in-4. *dem. rel. dos de mar. r.*

881. Vrolick, de phocis speciatim de phoca vitulina. *Traj. R.*, 1822, in-8. *br.*

882. Wallerius (J. G.), Minéralogie ou description générale des substances du règne minéral, trad. de l'allem. *Paris*, 1759, 2 vol. in-8. — Bayen et Charlard, Recherches chimiques sur l'étain. *Paris*, 1781, in-8. *dem. rel.*

883. Wagneri Historia naturalis helvetiæ. *Tiguri*, 1680, in-12.

884. Widumann, Catalogue des arbres, arbrisseaux et plantes qui croissaient dans l'ancien jardin du chateau d'Eystett. *Eystett*, 1806, in-4. *cart.*

885. Wilcke, Hortus Gryphicus. *Griphiæ*, 1765, in-8. *br.*

886. Wrisberg (H. A.) Observationum de animalculis infusoriis satura. *Goettingæ*, 1765, in-8. *fig. br.*

887. Wulff, Flora borussica. *Regiom.*, 1765, in-8. *br.*

SCIENCES MÉDICALES.

Médecine, — Anatomie, — Chirurgie, — Médecine spagirique, etc.

888. Albini (B. S.) Academicæ annotationes. *Leidæ*, 1754, in-4. *fig.* 6 part. en 1 vol. *br.*

889. Albini (B. S.) Historia musculorum hominis. *Leidæ Bat.*, 1734, in-4. *fig. br.* — Albini (B. S.) de sceleto humano liber. in-4. *br.*

890. Aretæi Cappadocis libri septem a J. P. Crasso, in lat. versi. *Argentorati*, 1768, in-8. *br.*

891. Aureliani (Cælii) Auctorum morborum libri III,

chronicorum libri V, edid. et recens. A. C. Haller. *Lausannæ*, 1784, 2 vol. in-8. *br.*

892. **Bartholini** (Th.) de Angina puerorum campaniæ siciliæque epidemica exercitationes. *Paris.*, 1646, in-8. — Bartholini (Th.) de hepatis ex auctorati desperata causa. *Hafniæ.* — Bartholini (Erasmi) de poris corporum et consuetudine quæstiones. — Is. Harveti Demonstratio veritatis doctrinæ chemicæ. *Hanoviæ*, 1605. — J. Hartmanni Tractatus de opio. *Wittenbergæ*, 1635. — L. de Bils den dauw der dieren ende de welle des waters. *Rotterdam*, 1660, *fig.* in-8. *vél.* — Th. Bartholini de insolitis partus humani viis dissertatio. *Hafniæ*, 1664. — J. Veslingii observationes anatomicæ et epistolæ methicæ selectæ et editæ à Th. Bartholino. *Hafniæ*, 1664, in-8. *vél.*

893. Bourgelat Opere veterinarie, trad. in ital. *Belluno*, 1776, in-8. tome 1, 2, 3, 5, 6. *bas. et br.*

894. Bourgeois (Cl.) Tractatus de dispensatione confectionis alkermes celebrata anno 1599. *Trecis.* — Coignet, Discours de la pierre de Bezar, avec ses facultés et manière d'en user et de la cognoistre. 1587, in-8. *v. br.*—Maranta, de theriaca et mithridatio. *Francof.*, 1576, in-8. *parch.*

895. Burton (J.), Système nouveau et complet de l'art des accouchemens, trad. de l'angl. par Lemoine. *Paris*, 1771, 2 vol. in-8. *fig. bas.* — Dictionnaire portatif de santé, par L***. (Vandermonde). *Paris*, 1760, 2 vol. pet. in-8. *v.*

896. Collectio operum medicorum antiquiorum, ed. Friedreich. *Nords.*, 1828, 4 vol. in-8. *br.*

897. Desmonceaux, Traité des maladies des yeux et des oreilles. *Paris*, 1786, 2 vol. in-8. *fig. v.*

898. Doeveren (Gualt. Van) Specimen observationum ad monstrorum historiam, anatomen, pathologiam et artem obstetriciam præcipue spectantium. *Groningæ*, 1765, in-4. *fig. br.*

899. Douglas (J.) Bibliographiæ anatomicæ specimen. *Londini*, 1715, in-8. *v. br.* — J. J. Plenck, Compendium institutionum chirurgicarum. *Viennæ*, 1780, 2 part. en 1 vol. in-8. *bas.*

900. Fabricii (H.) ab Aquapendente opera omnia anatomica et physiologica, ed. B. S. Albino. *Lugd. Bat.*, 1738, in-fol. *br.*

901. Falloppius de morbo gallico. *Venet.*, 1574, in-8. *vél.* — Fabre, Traité des maladies vénériennes. *Paris*, 1782, in-8. *bas.*

902. Glauber (J. R.), L'œuvre minérale, mise en franç. par Duteil. *Paris*, 1659, 3 part. — Le même, La teinture de l'or ou le véritable or potable, mise en franç. par Du Teil. *Paris*, 1759. — Le même, Traité de la médecine universelle ou le vray or potable, mis en franç. par Du Teil. *Paris*, 1659. — Le même, La consolation des navigants, trad. en franç. par Du Teil. *Paris*, 1656, in-8. *parch.*

903. Gracchi (S.) Medicus hujus sæculi. *Dresdæ*, 1691, in-8. *vél.* — J. A. Murray, Enumeratio librorum præcipuorum medici argumenti. *Lipsiæ*, 1773, in-8. *br.*

904. Greveri, Secretum et Alani dicta de lapide philosophico. *ex officina Plantiniana*, 1599. — Livre de la fontaine périlleuse avec la charte d'amour, avec comment. de J. Gohory. *Paris*, 1572. — Ulstade, Le ciel des philosophes. — Digby, discours touchant la guérison des plaies par la poudre de sympathie. *Paris*, 1658. — Bra, Medicamentorum simplicium et facile parabilium ad calculum enumeratio. *Franexeræ*, 1591, in-8. *v. fil.*

905. Haller (Alb. V.) Primæ lineæ physiologiæ, ed. H. A. Wrisberg. *Gottingæ*, 1780, in-8. *br.* — H. Cope demonstratio prognosticorum Hippocratis, ed. E. G. Baldinger. *Jenæ*, 1772, in-8. *br.*

906. Hippocratis aphorismi cum notis variorum, ed. Rieger. *Hagæcomitum*, 1767, 2 vol. in-8. *broc.*

907. Knowles (G.), Materia medica botanica in qua symptomata variorum morborum describuntur, etc. vari episodiæ, ornatiis causâ, intertexuntur, octingentis carminibus latinis hæxametris totum opus constat. *Londini*, 1723, in-4, *v. br.* — Amati, In Dioscoridis de materia medica libros V enarrationes. *Lugduni*, 1558, in-8. *fig. v. br.*

908. Kornmannus (H.), Sibylla trigandriana seu de virginitate, virginum statu et jure. *Coloniæ*, 1765, in-8.

909. Leblanc, Œuvres chirurgicales. *Paris*, 1779, 2 vol. in-8. *parch. vert.* — Pott, Œuvres chirurgicales, trad. de l'angl. *Paris*, 1777, 2 vol. in-8. *parch. vert.*

910. Lecat, Traité des sensations et des passions en général et des sens en particulier. *Paris*, 1767, 2 vol. in-8.

911. Lessius, Vrai régime de vivre pour la conservation

de la santé. — Cornaro, Traité sur le même sujet, trad. par S. Hardy. *Paris*, 1646, in-8.

912. Lorry de melancholia et morbis melancholicis. *Lut. Paris.*, 1765, 2 vol. in-8. *cart.*

913. Médecine militaire ou traité des maladies tant internes qu'externes aux quelles les militaires sont exposés dans leurs différentes positions de paix et de guerre. *Paris*, 1778, 7 vol. in-8. *mar. bl. fil. d. s. t.*

914. Meibomius (J.-H.), De flagrorum usu in re veneria. *Londini*, 170. in-32. *br.*

915. Monro, Traité d'Ostéologie, trad. de l'angl. *Paris*, 1759, 2 vol. gr. in-fol. *fig. v. d. s. tr.*

916. Neifeldius (D. E. J.), De secretione humorum. *Zullichoviæ*, 1751, 2 part. en 1 vol. in-8. *bas.* — Waltheri (Conrad.), Disputatio calidi innati essentiam juxta veteris medicinæ et philosophiæ secreta explicans, opposita neotericorum et novatorum paradoxis. *Groningæ*, 1632, in-8. *parch. vert.* — Wintheri (J. J.), Dissertatio proponens inflammationis theoriam novam. *Viennæ*, 1767, in-8. *br.*

917. Nonni (Th.), Epitome de curatione morborum, gr. et lat., ed. J. O. Steph. Bernard. *Gothæ*, 1794, 2 vol. in-8. *fig.*

918. Pharmacopœa bateana. *Lugd. Bat.*, 1734, in-8. *v.* — Pharmacopœa Leidensis. *Lugd. Bat.*, 1751, in-8. *v.* — Pichler (J. Fr. Chr.), Methodus formulas medicas conscribendi. *Argentorati*, 1785, in-8, *br.*

919. Planis Campy (D. de), L'hydre morbifique exterminée par l'Hercule chimique. *Paris*, 1628, in-8. *basane.*

920. Poissonnier Desperrières, Traité des maladies des gens de mer. *Paris*, 1767, in-8. — Rouppe (L.), De morbis navigantium. *Lugd. Bat.*, 1764, in-8. *bas.*

921. Portæ (J. B.) Phytognomonica. *Francof.*, 1591, in-8. *v. br.*

922. Portal, Histoire de l'anatomie et de la chirurgie. *Paris*, 1770, 7 vol. in-8. *bas.*

923. Ranchin (Fr.), Opuscules ou Traictés divers et curieux en médecine. *Lyon*, 1740, in-8. *cart. n. rogné.*

924. Recueil contenant :

Lafosse, Traité sur le véritable siége de la morve des chevaux. *Paris*, 1759, *fig.* — Réponse à la nouvelle pratique de ferrer, de Lafosse, par les maîtres maréchaux de Paris. *Paris*, 1758. — Ronden, Observations sur des articles concernant la maréchalerie insérés dans l'Encyclopédie. *Paris*, 1759. — Zacharie, Souscriptions pour chaînes élastiques à substituer aux soupentes et ressorts. *Paris*, 1763, *fig.* — Examen du système de Dupont sur la culture faite avec des chevaux et celle faite avec des bœufs. *Soissons*, 1765. — Barberet, Mémoire sur les maladies épidémiques des bestiaux. *Paris*, 1766. — Desmars, Mémoire sur la mortalité des moutons en Boulonnois. *Paris*, 1767. — Desmars, Lettre sur la mortalité des chiens en 1763. *Paris*, 1767. — (Le Boucher du Crosco) Mémoire sur les haras. *Utrecht*, 1770. — (De Moncel) Résultat d'expériences pour détruire l'espèce des bêtes voraces. *Paris*, 1771, *fig.* — (Amoreux) Lettre d'un médecin de Montpellier, sur la médecine vétérinaire. 1771, in-8. *v.*

925. Revillion (Cl.), Recherches sur la cause des affections hypocondriaques appelées communément vapeurs. *Paris*, 1786, in-8. — Orelut, Détail des cures opérées à Lyon par le magnétisme animal. *Lyon*, 1784, in-8. *br.*

926. Schlegel (J. Chr. Tr.), Collectio opusculorum selectorum ad medicinam forensem spectantium. *Lipsiæ*, 1785, 3 vol. in-8. *bas.* — Medicorum Silesiacorum satyræ quæ varias observationes casus, experimenta tentamina ex omnis medicinæ ambitu petita exhibent. *Wratislaviæ*, 1736-1741, 7 part. en 1 vol. in-8. *fig. br.*

927. Sydenham (Th.), Opera universa. *Lugd. Bat.*, 1741, in-8. *demi-rel. n. rogné.*

928. Vallisneri (A.) Opere fisico-medice. *Venezia*, 1732, 3 vol. in-fol. *bas.*

SCIENCES MATHÉMATIQUES.

Mathématiques. — Astronomie. — Optique. — Perspective. — Marine. — Art militaire. — Génie, etc.

929. Adams (G.), Astronomical and geographical essays. *London*, 1789, in-8. *cart.* — Chrysologue de Gy (le P.), Abrégé d'astronomie pour l'usage des planisphères. *Paris*, 1778, in-8. *br.*

930. Algèbre selon ses vrais principes. 1789, 2 vol. in-8.

bas. — Leblond, Eléments d'algèbre ou de calcul littéral. *Paris*, 1768, in-8. *rel.*

931. De Angelis (Steph.), De infinitis parabolis, de infinitisque solidis ex variis rotationibus ipsarum, partiumque earundem genitis. *Venetiis*, 1659, in-4, *parch.* — De Angelis (Steph.), Miscellanæum geometricum in quatuor partes divisum. *Venetiis*, 1660, in-4. *parch.* — De Angelis (Steph.), Problemata geometrica sexaginta circa conos, sphæras, superficies conicas, sphæricasque prœcipuè versantia. *Venetiis*, 1658, in-4. *parch.*

932. Antoni, Examen de la poudre, trad. par de Flavigny. *Paris*, 1773, in-8. *bas.* (*De la bibliothèque de la Malmaison.*)

933. Archimedis opera à Fr. Commandino in latinum conversa et commentariis illustrata. *Venetiis*, 1558, in-fol. *parch.*

934. Archimedis opera, ed. D. Rivalto. *Paris.*, 1615, in-fol. *cuir de Russie, d. s. tr.*

935. Arriani ars tactica, ed. Blancardo. *Amstelodami*, 1683, in-8. *br.*

936. Beaulieu, Recueil de plans de places fortes, in-fol. *v.*

937. Bedos (Dom. Franç.), Gnomonique pratique. *Paris*, 1774, in-8. *v.*

938. Bernoulli (Jac.), Ars conjectandi accedit tractatus de seriebus infinitis et epistola de ludo pilæ reticularis. *Basileæ*, 1713, in-4. *br.*

939. Bellavene, Cours de mathématiques à l'usage des écoles impériales. *Paris*, 1809, in-8. *demi-rel.* — Bezout, Géométrie, revue par Plauzoles. *Paris*, an XII (1804), in-8. *br.* — Bezout, Navigation. *Paris*, an II, in-8. *br.*

940. Boscovich (R. J.), De inæqualitatibus quas Saturnus et Jupiter sibi mutuò videntur inducere præsertim circa tempus conjunctionis. *Romæ*, 1756, in-8. *vél.* — Bengelii (Jo. Alb.), Cyclus sive de anno magno, solis, lunæ, stellarum consideratio. *Ulmæ*, 1745, in-8. *parch.*

941. Bosse (A.), Manière universelle de Desargues pour pratiquer la perspective par petit-pied, comme le géométral. *Paris.* 1648, 2 tom. en 1 vol. in-8. *fig.*, *v. br.*

942. Bosse (A.), Manière universelle de Desargues pour poser l'essieu et placer les heures et autres choses aux cadrans au soleil. *Paris*, 1643, in-8. *fig. demi-rel.* — Bosse (A.), Manière universelle de pratiquer la perspective sur les tableaux ou surfaces irrégulières. *Paris*, 1653, in-8. *fig. v. br.*

943. Bosse (A.), Pratique du trait à preuves de Desargues pour la coupe des pierres en l'architecture. *Paris*, 1643, in-8. *v. br.*

944. Bouguer, Nouveau traité de navigation contenant la théorie et la pratique du pilotage, revu par Lacaille. *Paris*, 1769, in-8. *fig. v.* — Bourdé, Manuel des marins, ou dictionnaire des termes de marine. *Lorient*, 1773, 2 tom. en 1 vol. in-8. *bas.* — Astronomie des marins, ou nouveaux éléments d'astronomie à la portée des marins. *Avignon*, 1766, in-8. *bas.*

945. Camus, Traité des forces mouvantes. *Paris*, 1722, in-8. *v.* — Camus, Eléments d'arithmétique. *Paris*, 1749, in-8. *v.* — Camus, Eléments de méchanique statique. *Paris*, 1751-1767, 2 vol. in-8. *v.* et *dem. rel. dos de bas.*

946. Caravaggius (P. P.), Geometria applicationum deficientium figura data specie. *Mediolani*, 1659, in-4, *cart.*

947. De Caus (Salomon), Les raisons des forces mouvantes. *Paris*, 1623, *fig.* — Le même, Pratique et démonstration des horloges solaires. *Paris*, 1624. — Le même, Institution harmonique divisée en deux parties : en la première sont montrées les proportions des intervalles harmoniques, et en la deuxiesme les compositions d'icelles. *Paris*, 1615, in-fol. *peau de truie.*

948. Clairaut, Elemens de géométrie. *Paris*, 1775, in-8. *bas.* — Malezieu (de), Elémens de géométrie, 3e édit. augmentée d'un traité des logarithmes. *Paris*, 1729, in-8. *v.* — Beaulieu, Géométrie françoise. *Paris*, 1676, in-8. *fig. v br.*

949. Cramer, Introduction à l'analyse des lignes courbes. *Genève*, 1750, in-4.

950. D'arçon, Mémoires pour servir à l'histoire du siège de Gibraltar. *Cadix*, 1783, in-8. *br.*

951. De la Coudraye, Théorie des vents. *Fontenay*, 1786, in-8. *br.* — Garra de Salagoïty, Elémens de la science du navigateur. *Paris*, 1781, 2 vol. in-8. *fig. br.*

952. Desagneaux, Mémoire sur l'arpentage. *Meaux*, an XI, in-8. *fig. br.*

953. Dionis du Séjour, Essai sur les cométes en général et particulièrement sur celles qui peuvent approcher de l'orbite de la terre. *Paris*, 1775, in-8. *fig. v.* — Cl. Comiers, Nature et présage des cométes, enrichi des prophéties des derniers siécles et de la fabrique des grandes lunettes. *Lyon*, 1665, in-8. *v. fil.* — Le Monnier, Théorie des cométes, avec des tables pour calculer les mouvemens des comètes, du soleil et des principales étoiles fixes. *Paris*, 1743, in-8. *fig. v.*

954. Ducarla, Troisième cahier : de la lumière zodiacale. *Genève*, 1780, in-8. *fig. br.*—Le même, Quatrième cahier : du soleil. *Genève*, 1780, in-8. *fig. br.*

955. Ducrest, Notice do l'expérience faite à Copenhague d'un vaisseau construit en planches et de plusieurs autres découvertes d'une haute importance, toutes relatives à la navigation. *Copenhague*, 1799, in-8. *br.* — Duranti de Lironcourt, Instruction sur la construction pratique des vaisseaux, en forme de dictionnaire. *Paris*, 1771, in-8. *br.* — Raccolta di varie maniere di salvar l'equipagio d'un bastimento in pericolo di perdersi fatta in Inghilterra et data in luce da un viaggiatore tedesco. *Londra*, 1798, in-8. *fig. br.*

956. Essai sur les combinaisons de la loterie de l'école royale militaire. *Paris*, 1769, in-8. *br.*

957. Euclidis elementa, gr. lat. *Paris.*, 1598, in-8.

958. Euclidis elementorum libri XV breviter demonstrati, opera Is. Barrow. *Londini*, 1669, in-8. *vél.*

959. Euclide, elementi geometrici piani e solidi posti in volgare da Guido Grandi. *Venezia*, 1748, in-8. *fig. parch. v.* — Euclid's Elements of geometry from the latin translation of Commandine. *London*, 1767, in-8. *v.*

960. Euler, Elemens d'algèbre, trad. de l'allem. *Lyon*, an III, 2 vol. in-8. *v.* — Euler, Dissertation sur

le principe de la moindre action avec l'examen des objections de Koenig contre ce principe. *Berlin*, 1753, in-8. *br.*

961. Euleri (L.) Mechanica sive motus scientia. *Petrop.*, 1736, 2 vol. in-4. *v.*

962. Euleri (L.) Methodus inveniendi lineas curvas. *Lausannæ*, 1744, in-4. *fig. br.*

963. Euleri (L.) Opuscula varii argumenti. *Berolini*, 1746, 3 vol. in-4. *fig. br.*

964. Euleri (L.) Theoria motuum planetarum et cometarum. *Berolini*. in-4. *fig. br.*

965. Fermat (P. de) Opera mathematica. *Tolosæ*, 1679. — Diophanti Alexandrini Arithmetica, gr. lat., cum comment. Bachet et Fermat. *Tolosæ*, 1670, in-fol. *v. br.*

Quelques notes manuscrites

966. Fossé, Idées d'un militaire pour la disposition des troupes confiées aux jeunes officiers dans la défense et l'attaque des petits postes. *Paris*. 1783, in-4. *fig. color. dem. rel.*

967. Frontini (S. J.) Strategematicon, ed. Oudendorpio. *Lugd. Bat.*, 1779. in-8. *dem. rel. dos de mar. r.*

968. Galilæi Galilæi systema cosmicum. *Londini*, 1663, in-8. *v. br.*

969. Gauss (C. F.) Disquisitiones arithmeticæ. *Lips.*, 1801, in-8. *v.*

970. Géométrie en russe. in-12. *fig. v. br.*

971. Horrebowii Opera mathematico-physica. *Hauniæ*, 1740, 3 vol. in-4. *br.*

972. Jacquinot (D.), Usage de l'astrolabe, avec un petit traité de la sphère, plus est adjousté une amplification de l'usage de l'astrolabe par J. Bassentin. *Paris*, 1598, in-8. *parch.* — Observations physiques et mathématiques pour servir à l'histoire naturelle, et à la perfection de l'astronomie et de la géographie envoyées de Siam par les jésuites, avec les réflexions de MM. de l'académie et notes de Gouye. *Paris*, 1688, in-8. *fig. v.*

973. Jantet, Leçons élémentaires de mécanique. *Dole*, 1785, in-8. *br.* — Delagrive, Manuel de trigonométrie pratique. *Paris*, 1754, in-8. *v.*

974. Lacaille, Leçons élémentaires de méchanique ou

traité abrége du mouvement et de l'équilibre. *Paris*, 1765, in-8. *rel.* — Lacaille, Leçons élémentaires d'optique. *Paris*, 1750, in-8. *br.* — Lacaille, Traité d'optique. *Paris*, 1802, in-8. *fig. dem. rel. dos de m. r.* — Lacaille, Tables de logarithmes depuis 1 jusqu'à 21600, augm. par Lalande et Marie. *Paris*, 1791, in-8.

975. Lalande, Astronomie. *Paris*, 1792, 3 tom. en 4 vol. in-4. *dem. rel.*

976. La Lande (de), Exposition du calcul astronomique. *Paris*, 1762, in-8. *v. br.* — Hallei, Tables astronomiques 2e. édit. par Chappe d'Auteroche. *Paris*, 1754, in-8. *v.* — Halley, Tables astronomiques pour les planetes et les cométes, augmentées, etc. et l'histoire de la cométe de 1759, par De Lalande. *Paris*, 1759. in-8. *v.*

977. Lallemand (A.), Traité théorique et pratique des opérations de la guerre. *Paris*, 1825, 2 vol. in-8. et atlas in-4. *br.*

978. Lambert (J. H.) Photometria sive de mensura et graditus luminis colorum et umbræ. *Aug. Vindel.*, 1760, in-8. *br.*

979. Leclerc (Seb.), Système de la vision fondé sur de nouveaux principes. *Paris*, 1712, in-8. *v. br.* — Seb. Leclerc, Traité de géométrie théorique et pratique à l'usage des artistes. *Paris*, 1744, in-8. *v.*

980. Leçons élémentaires de mathématiques ou élémens d'algebre et de géométrie. *Paris*, 1747, in-8. *fig. v.* — Lingois, Leçons élémentaires de mathématiques pour servir d'introduction à l'étude de la physique. *Paris*, 1779, in-8. *parch.*

981. Leroy, La marine des anciens peuples expliquée par rapport aux lumières qu'on en peut tirer pour perfectionner la marine moderne. *Paris*, 1777, *fig. v.* — Le même, Les navires des anciens considérés par rapport à leurs voiles et à l'usage qu'on en pourrait faire dans notre marine. *Paris*, 1783, in-8. *fig. v.*

982. Malezieu, Elemens de géométrie. *Paris*, 1705, in-4. *v. br.*

Envoi autographe de Malezieu.

983. Martin (R.), Elémens de mathématiques. *Paris*, an X, in-8. *v. fil.* (*De la biblioth. de la Malmaison*). — Diderot, Mémoires sur différens sujets de mathématiques. *Paris*, 1748, in-8. *v.*

984. Manilii (M.) Astronomicon, ad usum delphini. *Parisiis*, 1679, in-4. *v. fil.*

985. Manilii (M.) Astronomicon, avec une trad. franç. par Pingré. *Paris*., 2 vol. in-8. *bas. fil.*

986. Mascheroni (L.), Géométrie du compas, trad. de l'ital. par Carette. *Paris*, an VI, (1798), in-8. *br.*

987. Maslot, Loix universelles en nombres, poids et mesures prouvées possibles et faciles par rapport au passé, au présent et au futur, etc. *Troyes*, 1718, in-8. *v. br.* — Gnomonique universelle ou la science de tracer les cadrans solaires sur toutes sortes de surfaces tant stables que mobiles. *Paris*, 1701, in-8. *fig. v. br.*

988. Maupertuis (de), Discours sur la parallaxe de la lune pour perfectionner la théorie de la lune et celle de la terre. *Paris*, 1741, in-8. *v.* — Maupertuis (de), Discours sur les différentes figures des astres. *Paris*, 1742, in-8. *v.* — Maupertuis (de), Essay de cosmologie. 1750, in-8. *v. fil. d. s. t.*

989. Mottin de la Balme, Elémens de tactique pour la cavalerie. *Paris*, 1776, in-8. *fig. v.* — Silva, Pensées sur la tactique et quelques autres parties de la guerre. *Paris*, 1768, in-8. *fig. v.*

990. Mydorge, Examen du livre des récréations mathématiques. *Paris*, 1638, 2 part. en 1 vol. in-8. — Georges (le père P.), Horologe magnétique elliptique ou ovale nouveau de facile usage pour trouver les heures du jour et de la nuict. *Toul*, 1660, in-8. *fig. parch.*

991. Neper, Arithmétique logarithmique ou table de logarithmes publiée par Briggs et Vlacq. *Goude*, 1628, in-fol. *vél.*

992. Neperi Logarithmorum canonis descriptio; Tabula canonis logarithmorum constructio. *Lugd.*, 1620, in-8.

993. Neuveglise (Ch. de), Traité méthodique et abrégé de toutes les mathématiques. *Trevoux*, 1700, 2 vol. in-8. *mar. r. à compart. d. s. t.*

994. Newton (Is.), Arithmetica universalis commentariis illustr. et aucta à P. Ant. Lecchi. *Mediolani*, 1752, 3 vol. in-8. *cart.*

995. Newton, Arithmetica universalis, ed. J. Castillioneo. *Amstel.*, 1761, 2 vol. in-4. *v.*

996. Newton, Arithmétique universelle, trad. en franç. par N. Baudeux. *Paris*, 1802, 2 vol. in-4. *bas.*

997. Newton, Optique, trad. nouvelle (par Marat), publiée par Beauzée. *Paris*, 1787, 2 tom. en 1 vol. in-8. *fig. bas.*

998. Nouveaux principes de la perspective linéaire trad. de deux ouvrages, l'un angl. de Brook Taylor, l'autre lat. de Pat. Murdoch, avec un essai sur le mélange des couleurs par Newton. *Lyon*, 1759, in-8. *fig. v.*—Fr Jacquier. Elementi di perspettiva secondo li principii di Brook Taylor. *Roma*, 1755, in-8. *fig. v.*

999. Oppel (F. G. de) Analysis triangulorum. *Dresdæ*, 1746, in-fol. *br.*

1000. Ozanam, Nouvelle pratique de la géométrie sur le papier et sur le terrain, en allem. et franç. *Berne*, 1699, in-8. *fig. v. br* —Ouvrier Delisle, L'arithmétique méthodique et démontrée, appliquée au commerce, à la banque et à la finance. *Paris*, 1798, in-8. *br.* — Parent, Géométrie théoripratique. *Paris*, 1716, in-8. *v. br.*

1001. Pagan (comte de). Les dix livres des theoremes géométriques. *Paris*, 1654, in-8. *v. br.* — Traité de la défense des places par les contremines. *Paris*, 1768, in-8. *fig. dem. rel.*

1002. Papin (D.) Ars nova ad aquam ignis adminiculo efficacissime elevandam. *Francofurti*, 1707, in-12. *br.*

1003. Portæ (J. B.) Elementorum curvilineorum libri tres. *Romæ*, 1610, in-4. *parch.*
Quelques mouillures.

1004. Quillet, Etat actuel de la législation sur l'administration des postes. *Paris*, 1809, 3 vol. in-8. *dem. rel.* — Morin, Essai sur la théorie de l'administration militaire en tems de paix et en tems de guerre. *Paris*, an VII, in8. *bas. fil.*

1005. Rivard, Abrégé des élémens de mathématiques.

Paris, 1767, in-8. *v.* — Recherches philosophiques sur l'évidence des vérités géométriques, (par Quesnay). *Paris*, 1773, in-8. *v. fil.*

1006. Recueil de plusieurs traitez de mathématiques de l'Académie R. des sciences. *Paris*, 1776, gr. in-fol. *v.* (*aux armes*).

1007. Renaldinii (Car.) Ars analytica mathematum. *Florentiæ*, 1665, *Patavii*, 1669, 2 vol. in-fol. *vél.* — Ejusdem de resolutione et compositione mathematica. *Patavii*, 1668, in-fol. *vél.*

1008. Rhetici (J.) Opus palatinum de triangulis. *Neostadii*, 1596, in-fol.

1009. Sigrais (de), Considération sur l'esprit militaire des Germains. *Paris*, 1781, in-12. *dem. rel.* — Considérations sur l'esprit militaire des Gaulois, par *** (de Sigrais). *Paris*, 1774, in-12. *v.*

1010. Smeaton (J.) Narrative of the building and description of the construction of the Edystone lighthouse with stone. *London*, 1793, in-fol. *fig. cart.*

1011. Sully, description d'une horloge d'une nouvelle invention pour la juste mesure du temps sur mer. *Paris*, 1726, in-4. *d. r.*

1012. Tables et dessins des canons de fer pour la marine, des bouches à feu de bronze pour les colonies et des instrumens servant à mesurer leurs dimensions. 1787, in-fol. *fig. v. fil.*

1013. Tichonis Brahe historia cœlestis. *Aug. Vindel.*, 1666, in-fol.

1014. Traité des moyens de rendre les rivières navigables. *Paris*, 1693, in-8.

1015. Trincano, Elémens de fortification, et de l'attaque et de la défense des places. *Paris*, 1786, 2 vol. in-8. *fig. cart.*

1016. Ulugh Beighi Tabulæ longitudinum ac latitudinum stellarum fixarum, ed. Th. Hyde. *Oxonii*, 1665, in-4.

1017. Vauban, Traité de l'attaque des places. in-8. *fig. bas.* — Vauban, Traité de la défense des places. *Paris*, 1769, in-8. *fig. bas.* — Vauban, Traité de l'attaque et de la défense des places. *La Haye*, 1742, 2 vol. in-8. *fig. v.*

1018. W. Y. (Warnery), Remarques sur l'essai général

de tactique de Guibert. *Varsovie*, 1782, pet. in-8. *cart.*

1019. Wüst (de), L'art militaire du partisan. *Lahaye*, 1768, in-8. *br.*

1020. Zach (de), Tabulæ speciales aberrationis et mutationis stellarum fixarum. *Gothæ*, 1806, 2 vol. in-4. *cart.*

Arts et Métiers. — Beaux-Arts. — Exercices gymnastiques. — Jeux.

1021. Antiquæ musicæ auctores, gr. lat., ed. Meibomio. *Amst.*, 1652, in-4. tom. 1.

1022. Barbauld, Les plus beaux monumens de Rome ancienne. *Rome*, 1761, in fol. *fig. br.*

1023. Barret (C. P.), Capnologie, ou traité théorique de la fumée. *Paris*, 1788, in-8. *fig. br.* — Bernard (J.), Sauvegarde pour ceux qui craignent la fumée, ou instruction pour faire cheminées neufves, etc. *Dijon*, 1621, in-8. *v.* — Cointeraux, Suppression des bouches de cheminée à la pente des toits. *Paris*, 1806, in-8. *fig. br.* — Préservatif contre la fumée, par L. A. M. (Miroir). *Paris*, in-8. *br.* — Giraud, Commodités portatives ou moyens de supprimer les fosses d'aisances. *Paris*, 1786, in-8. *br.*

1024. Basan, Dictionnaire des graveurs anciens et modernes, *Paris*, 1809, 2 vol. in-8. *fig. cart.*

1025. Bosse (A.), Le peintre converti aux précises et universelles règles de son art. *Paris*, 1667, in-8. *parch.* — Dufresnoy, Art de peinture, trad. en françois. *Paris*, 1778, in-8. *v. br.* — Liotard, Traité des principes et des règles de la peinture. *Genève*, 1781, in-8. *br.* — A. Q. (Quatremère de Quincy), Lettres sur le préjudice qu'occasionneraient aux arts et à la science le déplacement des monuments de l'art de l'Italie, etc. *Paris*, an IV, (1796), in-8, *br.*

1026. Caracci, Scuola per imparare a disegnare tutto il corpore humano. *Roma*, in-fol. *fig, br.*

1027. Castell (R.), The villas of the ancients illustrated.

London, 1728, in-fol. *fig. demi-rel. non rogné.*

1028. Catalogue des estampes du cabinet du roy en 23 volumes. *Lyon*, 1734, in-fol. — Description de la grotte de Versailles. *Paris*, 1679, in-fol. *fig, v. br.*

1029. Chabanon, De la musique considérée en elle-même, et de ses rapports avec la parole, les langues, la poésie et le théâtre. *Paris*, 1775, in-8. *br.* — Choquel, La musique rendue sensible par la méchanique, ou nouveau système pour apprendre facilement la musique soi-même. *Paris*, 1762, in-8. *fig. v.* — Roussier, Traité des accords et de leur succession selon le système de la base fondamentale. *Paris*, 1764, — Le même, Observations sur différents points d'harmonie. *Paris*, 1765, in-8. *bas.*

1030. Chambray (Errard et), Parallèle de l'architecture antique avec la moderne, nouv. édit., par Jombert. *Paris*, 1766, in-8. *fig. v.* — Viel de Saint-Maux, Lettres sur l'architecture des anciens et celle des modernes. *Paris*, 1787, in-8. *demi-rel. dos de m. v.*

1031. Choron et Fayolle, Dictionnaire des musiciens, artistes et amateurs morts ou vivants. *Paris*, 1810, in-8. Le tome 1, *mar. r. dent. d. s. t.*

On a ajouté dans ce volume 34 portraits.

1032. Christ, Dictionnaire des monogrammes, chiffres, lettres initiales, logogriphes, rebus, etc. *Paris*, 1750, in-8.

1033. Clochar, Palais, maisons et vues d'Italie. *Paris*, 1809, in-fol. *fig. cart.*

1034. Columna Antoniniana a P. S-Bartolo ære incisa et cum notis J. P. Bellorii. *Romæ*, in-fol. oblong, *vél.*

1035. Columna Trajana ab Andrea Morellio delineata et in ære incisa, nova descriptio observationibus illustrata cura et studio A. F. Gorii. *Amsteledami*, 1752, in-fol. *fig. parch. vert.*

1036. Conen de Prépéan, Sténographie exacte ou l'art d'écrire aussi vîte que l'on parle. *Paris*, 1815, in-8. *fig. demi-rel.* — Blanc, Okygraphie ou l'art de fixer par écrit, tous les sons de la parole avec autant de facilité, de promptitude et de clarté que la bouche les exprime. *Paris*, an IX (1801), in-8. *fig. demi-rel.*

1037. Contant d'Ivry, Œuvres d'architecture. *Paris*, 1769, in-fol. *fig. demi-rel.*

1038. Dandré Bardon, Costumes des anciens peuples; nouv. édit., rédigée par Cochin. *Paris*, 1784, in-4. 4 part. rel. en 1 vol. *v. ec. d. s. t.*

1039. Diverses modes dessinées par B. Picart et Vues par S. Leclerc, in-8. *cart.*

1040. Dumont (G. M.), Détails d'architecture de S. Pierre de Rome. *Paris*, 1763, in-fol. *fig. v.*

1041. Edelcrantz, Traité des télégraphes et essai d'un nouvel établissement de ce genre. *Paris*, an IX (1801). in 8. *fig. br.*

1042. Essai sur la musique ancienne et moderne (par Delaborde). *Paris*, 1780, 4 vol. in-4. *fig. mar. r. d. s. t.*

1043. Evelyn (J.), Sculptura, or the history and art of chalcography and engraving in copper. *London*, 1755, in-8. *fig. cart.*

1044. Felton (W.), Treatise on carriages. *London*, 1796, 2 vol. in-8. *cart.*

1045. Fischers, Essai d'une architecture historique, ou recueil de bâtimens antiques, avec des explicat. en allem. et en franç. *Leipsic*, 1725, in-fol. obl. *demi-rel.*

1046. Fontana, L'anfiteatro Flavio descritto e delineato. *Nell'haia*, 1725, in-fol. *fig. mar. bl. fil. d. s. t.*

1047. Galerie du Palais-Royal, par Couché. *Paris*, 1786, in-fol. *demi-rel. dos de mar. cit. non rogné.*

Les 32 premières livraisons (*anc. épreuves.*)

1048. Gautier, Traité de la construction des chemins. *Paris*, 1755, in-8. *fig.*—Gautier, Traité des ponts. *Paris*, 1755, in-8. *fig. v.*

1049. Ginet, Traité et tarif général du toisé des bois de charpente quarrés et mi-plats. *Paris*, 1760, in-8. *fig. v.* — Vernon, Stéréométrie ou nouvelle réduction des bois carrés, adoptée par la république française. *Paris*, an IX (1801), in-8. *fig. br.*

1050. Gravures représentant les machines servant à la fabrication des monnoyes à Venise. *Parme*, 1757, in-4. *fig. v.*

1051. Grisone (Fed.), Ordini di cavalcare e modi di conoscere le nature de cavalli. *Venet.*, 1569, in-8. *fig. en bois* — (Brezé), Essai sur les haras. *Turin*, 1769, in-8. *fig. v.*

1052. Guérinière (de la), Ecole de cavalerie contenant la connaissance, l'instruction et la conservation du cheval. *Paris*, 1736, 2 vol. in-8. *fig. v.*

1053. Hay (Le), Recueil de cent estampes représentant différentes nations du Levant. *Paris*, 1714, in-fol. *fig. color. mar. r. fil. tr. d.*

1054. Hay (Le), Recueil de cent estampes représentant différentes nations du Levant, avec l'explication. *Paris*, 1715. in-fol.

1055. Hellot, Art de la teinture des laines et des étoffes de laine. *Paris*, 1750, in-12. *v.*

1056. Hoodges, Choix de vues de l'Inde dessinées en 1780, 1781, 1782 et 1783, en angl. et en franç. *Londres*, in-fol. *cuir de Russie, fil.*

1057. Labacco (Ant.), Libro appartenente a l'architettura, nel qual si figurano alcune notabili antiquita di Roma. 1567, in-fol. *cart.*

1058. Landon, Annales du Musée et de l'Ecole moderne. *Paris*, 1801, 16 vol. in-8. — Paysages et Tableaux de genre, 1805, 4 vol. in-8., *dem.-rel. dos de perc. grise.*

1059. Lecamus de Mezieres (de), Guide de ceux qui veulent bâtir. *Paris*, 1781, 2 vol. in-8. *v. fil d. s. tr.*

1060. Lebeuf, Traité sur le chant ecclésiastique. *Paris*, 1741, in-8. *br.*

1061. Piléur d'Apligny (Le), l'Art de la teinture des fils et étoffes de coton. *Paris*, 1807, in-12. *dem.-rel.* — Daubenton, Mémoire sur le premier drap de laine superfine du crû de la France. *Paris*, 1785, in-8. *br.*

1062. Loriot, Mémoire sur une découverte dans l'art de bâtir, dans lequel on rend publique la méthode de composer un ciment ou mortier propre à une infinité d'ouvrages. *Paris*, 1774, in-8. *br.* — Instruction sur la nouvelle méthode de préparer le mortier Loriot. *Paris*, 1775, in-8. *br.* — Fourmy, Mémoire sur les ouvrages de terres cuites et particulièrement sur les poteries. *Paris*, an X (1802), in-8. *br.*

1063. Magny, Principes de chorégraphie. *Paris*, 1765, in-8. *fig. v.*

1064. Maréchal (Sylvain), Costumes civils actuels de tous les peuples connus, avec une notice historique. *Paris*, 1788, 4 vol. pet. in-4. *fig. col. v.*

Sylvain Maréchal a rétabli de sa main, sur cet exemplaire, des passages supprimés par la censure.

1065. Momoro, Tratié élémentaire de l'Imprimerie, ou Manuel de l'imprimeur. *Paris*, 1796, in-8. *fig. bas.*

1066. Montenari (G.), del Teatro Olimpico di A. Palladio in Vicenza. *Padova*, 1733, in-8. *fig. cart.*

1067. Morisot, Tableaux détaillés des prix de tous les ouvrages de bâtiments (marbrerie, pavage, vitrerie, poëlerie, etc.) *Paris*, 1806, in-8. *br.*— Morisot, Tableaux détaillés des prix de tous les ouvrages de bâtiment (peinture et serrurerie.) *Paris*, an XIII (1805), in-8., *br.* —Vallet, Manuel économique pour les bâtimens et jardins. *Paris*, 1775, in-8. *v.*

1068. Newcastle, Méthode nouvelle de dresser les chevaux. *Anvers*, 1658, in-fol., *fig. v. br.*

1069. Nicolai (J.), De chirothecarum usu et abusu. *Giessæ*, 1701, in-12.

1070. Nouveau traité de Venerie (par Gaffet). *Paris*, 1742, in-8.

1071. Patte, Monumens érigés en France à la gloire de Louis XV. *Paris*, 1765, in-fol. *fig. mar. à compart. d. s. t.* (aux armes).

1072. Perret (J. J.), Mémoire sur l'acier. *Paris*, 1779, in-8. *fig. d.-r. dos de mar. r.* — Tarif des cuivres laminés et préparés pour la couverture des bâtimens et monumens publics, par Bonnot. *Paris*, 1787, in-8. *br.*— Turgan (L. A. F.) Essai sur la fabrication du fer blanc et du fer noir en tôle. *Paris*, an IX, in-8. *br.*

1073. Porta (J. B.), de furtivis literarum notis vulgo de Ziferis libri IV. *Neapoli*, 1563, in-4.

1074. Post (P), Ouvrages d'architecture. *Leyde*, 1715, in-fol. *fig. dem.-rel. dos de mout. r. non rog.*

1075. Recueil des plans, élévations et coupes des châteaux occupés en Lorraine par le roi de Pologne, 2 vol.—Plans et élévations de la place royale de

Nancy, 1 vol. Ensemble 3 vol. in-fol. *mar. r. d. s. tr. doublé de tabis*, (*aux armes du Dauphin, depuis* Louis XVI).

1076. Richardson, Traité de la peinture et de la sculpture. *Amst.*, 1728, 3 vol. in-8. *v. f.*

1077. Robiano (de), Collection des desseins des figures et groupes faits de neige à Anvers en 1772. *Anvers*, in-8. *fig. cart.*—Labyrinthe de Versailles. *Paris*, 1679, in-8. *fig, v.*

1078. Roy (Le), Groot Werrel dlyk tonneel dy hertogdoms Van Brabant. *'S Gravenhaage*, 1730, in-foi., *vel.* (*belles épreuves*).

1079. Rue (J. B. de la), Traité de la coupe des pierres. *Paris*, 1728, in-fol. *fig. mar. r. doub. de tabis, fil. doré sur tr.*

1080. Schefferi Graphiæ, id est, de arte pingendi liber. *Norimbergæ*, 1669. — P. Rami liber de moribus veterum Gallorum. *Francof.* 1584, in-8, *parc.*

1081. Senefelder (A.), Art de la lithographie. *Munich*, 1819, in-8, *fig. br.*

1082. Serlio (S.), Tutte le opere d'architettura e un indice copiosissimo raccolto da D. Scamozzi, *Venetia*, 1584, in-4, *parch.*

1083. Sind, Art du manège pris dans ses vrais prIncipes. *Paris*, 1774, in-8, *fig. bas.*—Weyrother (A. de), L'utile à tout le monde, ou le parfait écuyer militaire et de campagne. *Bruxelles*, 1768, 2 tom. en 1 vol. in-8. *v.*

1084. Traité théorique et pratique du jeu des echecs. *Paris*, 1786, in-12, *br.*

1085. Vitruvii de Architectura libri decem, add. Julii Frontini de aqueductibus libri, *Florentia*, 1522, in-8, *fig. en bois, cart.*

1086. Vitruve, Architecture, ou art de bien bastir, trad. en françois, par Jan Martin. *Paris*, 1547, in-fol. *fig. en bois, v.*

1087. Vitruve, les dix livres d'architecture, traduit en françois par Perrault. *Paris*, 1684, in-fol. *fig.*, *v.*

1088. Un Portefeuille contenant des dessins de manufactures de porcelaine, poteries, cristaux, minéraux et de gravures de diverses manufactures (provenant de M. Oreilly.)

1089. Un Volume contenant des dessins faits à la Chine, représentant des arts et métiers.

1090. Un Volume in-folio contenant des dessins faits à la Chine, représentant le cours d'un fleuve, avec une flotte, etc.

BELLES-LETTRES.

Langues orientales. — Chinoise. — Dialectes indiens.

1091. Abi Abdallæ carmen mysticum Borda dictum, arab. lat., ed. Wri. *Traj. B.*, 1771, in-4. *cart.*

1092. Abu Becri Mohammedis katsijda'l mektsoura, sive idyllium arabicum, ed. Scheidio. *Harder.*, 1786, in-4. *br.*

1093. Alberti (P. M.), Porta linguæ sanctæ, hoc est, lexicon novum hebræo-latino-biblicum. *Budissæ*, 1704, in-4. *v. br.*

1094. Al. Gieuharii, purioris sermonis arabici thesaurus, id est, liber Schah, ed. E. Scheidio. *Traj. ad R.*, in-4. *br.*

1095. Angelus (P.) à S. Joseph, Gazophylacium linguæ Persarum. *Amstel.*, 1684, in-fol.

1096. Antaræ Poëma arabicum Moallakah, ed. J. Willmet. *Lugd. Bat.*, 1816, in-4. *br.*

1097. Anthologia persica seu selecta è diversis persis auctoribus exempla in latinum translata. *Viennæ*, 1778, in-4.

1098. Anthologia sententiarum arabicarum cum scholiis Zamachsjarii, edidit, vertit et illustravit H. A. Schultens. *Lugd. Bat.*, 1772, in-4. *br.*

1099. Bangii (Th.) Cælum orientis et prisci mundi triade. *Hauniæ*, 1757. — Th. Reinesii ΙΣΤΟΡΟΥΜΕΝΑ linguæ punicæ, ed. T. Seifarto. *Altenburgi*, 1637. — O. Wormii Danica litteratura antiquissima. *Hafniæ*, 1636, in-4. *vél.*

1100. Brevis introductio ad grammaticam hebræam altingianam. *Traj. ad Rhen.*, 1721, in-8. *br.*

1101. Buxtorfii (J.) Tiberias. *Basileæ*, 1665, in-4. *dem. rel.*

1102. Caab ben Zoheir, item Amralkeisi Moallakah. ed. G. J. Lette. *Lugd. Bat.*, 1748, in-4. *br.*

1103. Castelli (Edm.) Lexicon hebraicum, ed. J. D. Michaelis. *Goettingæ*, 1790, 2 tom. en 1 vol. in-4. *br.*

1104. Castelli (Edm.) Lexicon syriacum, ed. J. D. Michaelis. *Goettingæ*, 1788, 2 vol. in-4. *br.*

1105. Cevallerii (R.) Rudimenta hebraicæ linguæ, ed. J. Im. Tremellio. *Parisiis*, *Henr. Stephanus*, 1567, in-4. *parch.*

1106. Clavis Talmudica maxima, ed. H. J. Van Bashuysen. *Hanoviæ*, 1740, in-4. *br.*

1107. Concessus hamadanensis vulgo dicti Bedi al Zamaan, ed. J. Scheidio. in-4.

1108. Danzii (J. Andr.) Compendium grammaticæ ebræo-chaldaicæ. — Interpretis ebræo-chaldæi synopsis. — Paradigma nominum simplicium ac verborum. — Rabbinismus enucleatus. *Francof.*, 1751, 4 part. in-8. *br.*

1109. Derossi (J. B.) de præcipuis caussis et momentis neglectæ hebraicarum litterarum disciplinæ. *Augustæ Taurin.*, 1769, in-4. *br.*

1110. Didymi taurinensis litteraturæ copticæ rudimentum. *Parmæ*, *Bodoni*, 1783, in-4. *v.*

1111. Dieu (L. de) Grammatica linguarum orientalium hebræorum, chaldæorum et syrorum. *Lugd. Bat.*, 1628, in-4. *vél.*

1112. Dieu (Lud. de), Rudimenta linguæ persicæ. *Lugd. Bat.*, 1639, in-4. *cart.*

1113. Dittionario giorgiano e italiano composto da St. Paolini. *Roma*, 1629, in-4. *non rel.*

1114. Dombay (F.) Grammatica linguæ persicæ. *Vindob.*, 1804, in-4. *br.*

1115. Erpenii arcanum punctuationis revelatum. *Lugd. Bat.*, 1624, in-4. *cart.*

1116. Erpennii (Th.) Grammatica arabica cum fabulis Lokmani, ed. Alb. Schultens. *Lugd. Bat.*, 1767, in-4. *br.*

1117. Erpenii Rudimenta linguæ arabicæ, ed. Alb. Schultens. *Lugd. Bat.*, 1770, in-4. *br.*

1118. Fabre d'Olivet, la Langue hebraïque restituée. *Paris*, 1816, 2 vol. in-4. *br.*

1119. Fourmont, Linguæ sinarum grammatica duplex,

latine et cum characteribus sinensium. *Lut. Paris.*, 1742, in-fol. *dem. rel.*

1120. Fourmont, Meditationes sinicæ. *Lut. Paris.*, 1737, in-fol. *broc.*

1121. Grammar of the Bengal language by N. Brassey Halhed. *Hoogly in Bengal*, 1778, in-4. *v.*

1122. Gravius (J.), Elementa linguæ persicæ, item anonymus persa de siglis arabum et persarum astronomicis. *Londini*, 1649, in-4.

1123. Guarin, Grammatica hebraica. 1724, 2 vol. — Lexicon hebraïcum et chaldæo biblicum. *Lutetiæ*, 1746, 2 vol. ensemble 4 vol. in-4. *Charta Magna, v. f. d. s. t.*

1124. Guignes (de), Dictionnaire chinois, français et latin. *Paris*, 1813, in-fol. *br.* — Supplément par Klaproth. *Paris*, 1819, in-fol. *br.*

1125. Gussetii (Jac.) Lexicon linguæ hebraicæ. *Lipsiæ*, 1743, in 4. *v.*

1126. Hadjaroumia (grammaire arabe, imprimée à Rome sous les Médicis). in-4. *mar. r. d. s. t.*

1127. Hageri consilium de supplemento lexici arabici Goliani. *Vitemb.*, 1719, in-4. *br.*

1128. Haririi concessus (sex), ed. Alb. Schultens. *Franequeræ*, 1731, 6 part. en 2 vol. in-4. *vél.*

1129. D'Herbelot, Bibliothèque orientale et supplément. *Maestricht*, 1776, 2 vol. in-fol. *non rel.* (*imparf. de plusieurs feuilles*).

1130. Hirtii Commentarius in accentuationem ebræam. *Jenæ*, 1749, in-4. *br.*

1131. Iracæ Persicæ descriptio cum versione latina et annotatione P. J. Uylenbroek : præmissa est dissertatio de Jbn Haukali geographi codice Lugd. Batavo. *Lug. Bat.* 1822, in-4, *br.*

1132. Kessler (C. M. B.), Observationes etymologicæ ad linguæ hebrææ stirpes. 1772, in-4. *br.*

1133. Kircheri (Ath.) Prodomus coptus, sive ægyptiacus. *Romæ*, 1636, in-4. *parch.*

1134. Lettre sur les caractères chinois, par le R. P.**. *Bruxelles*, 1773. — Lettres de Pekin sur le génie de la langue chinoise et la nature de leur écriture symbolique, comparée avec celle des anciens

Egyptiens, par un P. d. l. C. d. J. (l'abbé Needham.) *Bruxelles*, 1773, in-4, *fig.*

1135. Leusden, Philologus hebræus. *Ultrajecti*, 1672, in-4, *dem. rel.*

1136. Leusden, Philologus hebræo-græcus. *Lugd. Bat.* 1685, in-4, *demi-rel.*

1137. Leusden, Philologus hebræo-mixtus. *Ultrajecti*, 1682, in-4. *dem. rel.*

1138. Liber Tasriphi, ed. Paulo. *Romæ*, 1610, in-4. *v. br.*

1139. Linguarum orientalium alphabeta. *Parisiis*, 1636. — Epreuve des caractères nouvellement taillez. *Sedan*, *J. Jannon*, 1621, in-4. *parch.*

1140. Loqman, Fables, édit. arabe et franç. *Au Kaire*, an VIII (1799), in-4. *v. fil.* — Langlès, Alphabet tartare-mantchou. *Paris*, 1787, in-4. *broc.*

1141. Lowth (R.) de sacra poesi hebræorum, ed. Er. Fr. C. Rosenmuller. *Lipsiæ*, 1815, in-8. *br.*

1142. Meidani Proverbiorum arabicorum pars, latine, vertit et notis illustravit H. A. Schultens. *Ludg. Bat.* 1795, in-4. *br.*

1143. Meninski (Fr. A Mesgnien), Grammatica Turcica. *Viennæ Austriæ*, 1680, in-fol. *br.*

1144. Michaelis, Supplementa ad Lexica hebraica. *Gottingæ*, 1792, 6 vol. in-4. *br.*

1145. Montucci (A.) De studiis sinensis in imp. athenæo Petropolitano recte instaurandis. *Berolini*, 1808, in-4. *cart.*

1146. Pareau, Commentatio de Tograji carmine. *Traj. R.* 1824, in-4. *br.*

1147. Pareau (J. H.), De indole poemati Arabici Kasida-al-Masoura, quod Ibn Doreidum habet auctorem, 1818, in-4. *br.*

1148. Pars versionis arabicæ libri Colailah va Dimnah, seu fabulæ Bidpai, ed Schultens. *Lugd. Bat.* 1786, in-4. *br.*

1149. Paulini a sancto Bartholomeo Amarasinha : sectio prima, de cœlo. *Romæ*, 1798, in-4. *br.*

1150. Poema Tograi, ex versione latina Golii, cum scholiis et notis, cur. Henr. Vander Sloot. *Franequeræ*, 1769, in-4. *v. ec. fil. d. s. tr.*

1151. Quinquarboreus (J.), de re grammatica. *Parisiis*, 1582 — Ejusdem institutiones in linguam hebraicam. *Parisis*, 1582. — G. Genebrardi Isagoge ad legenda et intelligenda hebræorum et orientalium sine punctis scripta. *Parisiis*, 1587, in-4. *parch.*

1152. Ravii (J. J.), Specimen arabicum, continens descriptionem et excerpta libri Achmedis Tifaschii de gemmis et lapidibus pretiosis. *Traj. ad Rhen.*, 1784 in-4. *br.*

1153. Scheidii (E.) Selecta quædam ex sententiis proverbiisque arabicis a Th. Erpennio editis, cum versione latina, etc. *Hardervici Gelr.* 1775, in-4. *br.*

1154. Schroderi (J. J.), Thesaurus linguæ armenicæ antiquæ et hodiernæ. *Amst.*, 1711, in-4. *cart.*

1155. Schultens (A.), de utilitate dialectorum orientalium ad tuendam integritatem codicis hebræi. *Lugd. Bat.*, 1742 in-4. *br.* — Scheidii (Ev.) oratio de eo, quod Schultensii post immortalia erga literas orientales merita, posteris agendum reliquerint. *Lugd. Bat.*, 1794, in-4. *br.*

1156. Schultens (A), Institutiones ad fundamenta linguæ hebrææ. *Lugd. Bat.*, 1737, In-4. *vel.*

1157. Schultens (A.), Institutiones ad fundamenta linguæ hebrææ. *Lugd. Bat.*, 1756, in-4. *br.*

1158. Schulzii, grammatica Hindostanica. *Halæ*, 1735, in-4. *cart.*

1159. Schulzii grammatica Hindostanica, ed. Callenberg. *Halæ*, 1745, in-4.

1160. Seyffarth (G.) Rudimenta hieroglyphices. *Lips.*, 1826, in-4. *fig. cart.*

1161. Simonis (Joh.) Lexicon manuale hebraicum et chaldaicum. *Halæ*, 1756, in-4. *dem. rel.*

1162. Tharaphæ moallakah cum scholiis Nahas arabice, edidit, vertit et illustravit J. J. Reiske. *Lugd. Bat.*, 1742, in-4. *v. ec. fil. tr. d.*

1163. Visdelou et Galland, Biblothèque orientale (Suppl. à d'Herbelot, Bibliothèque orientale). *La Haye*, 1779, in-fol. *dem. rel. non rogné.*

1164. Ziegenbalg grammatica Damulica. *Halæ*, 1716, in-4. *dem. rel.*

Langue grecque.

1165. Adagia sive proverbia græcorum, scholiis illustrata ab And. Schotto. *Antverpiæ*, *Plantin*, 1612, in-4.
1166. Æsopicæ fabulæ, gr. a F. de Furia, ed. Schneider. *Lips.*, 1810, in-8. *br.*
1167. Esope, Fables et vie, trad. en françois. *Anvers*, 1561, in-18. *cart.*
Imprimé en caractères d'écriture.
1168. Alciphronis Epistolæ, ed. Wagner. *Lipsiæ*, 1798, 2 vol. in-8. *broc.*
1169. Anacreontis Carmina, ed. J. Fr. Fischero. *Lipsiæ*, 1793, in-8. *br.*
1170. Anthologia græca a Constant. Cephala condita. *Oxonii*, 1766, in-8. *v.*
1171. Antimachi Colophonii reliquiæ, ed. Wolfio. *Halæ Saxon.*, 1786, in-8. *broc.*
1172. Antonini Liberalis transformationum congeries, ed. Verheyk. *Lugduni Batavorum*, 1774, in-8. *br.*
1173. Antonini Liberalis transformationum congeries, gr. ed. Teuchero. *Lips.*, 1791, in-8. *cart.*
1174. Apollodori Bibliotheca et fragmenta, ed. Chr. G. Heyne. *Gottingæ*, 1803, 2 vol. in-8. *broc.*
1175. Apollonii Rhodii argonauticorum libri IV, ed. Shaw. *Oxonii*, 1777, 2 vol. in-4. *mar. cit. fil. dor.* (*rel. par Derome*).
1176. Aristophanis Comediæ, cum notis Bergleri et variorum, cur. P. Burmanno. *Lugd. Bat.*, 1760, 2 vol. in-4. *br.*
1177. Aristophanis Comediæ, cum versione latina a R. F. P. Brunck. *Londini*, 1823, 3 vol. in-8. *br.*
1178. Aristophanis Comediæ, gr. et lat. cum notis, ed. Brunck. *Londini*, 1823, 3 vol. in-8. *br.*
1179. Aristophanis ecclesiazusas, græce, ed. Ranner. *Norimb.*, 1815, in-8. *br.*
1180. Bionis et Moschi idyllia, cum notis Ursini, etc. et versionibus gallica Longapetræi et latina Whitfordi. *Venetiis*, 1746, in-8. *br.*
1181. Callimachi Hymni et epigrammata, cum annot.

Henr. Stephani. *Parisiis*, *Henr. Stephanus*, 1577, in-4. *parch.*

1182. Callimachi hymni, epigrammata et fragmenta, cum notis variorum, ed. J. A. Ernesti. *Lugd. Bat.*, 1761, 2 vol. in-8. *br.*

1183. Demosthenes et Æschines, de falsa legatione oratio. *Oxonii*, 1721, in-8. *br.*

1184. Demosthenis Philippicæ et symbolitici, græce cum notis variorum. *Londini*, 1824, in-8. *br.*

1185. Euripidis Orestes, cum versione latina ex edit. J. Barnes. *Glasguæ*, 1753, pet. in-8. *br.*

1186. Harles (Th. Chr.) Introductio in historiam linguæ græcæ. *Altenburgi*, 1792, 3 vol. in-8. *broc.*

1187. Heliodore, Histoire ethiopique, trad. par Amyot. *Paris*, 1626, in-8. *fig. de Christ de Pas.*

Avec une note autographe, signée A. A. Barbier.

1188. Homeri Opera omnia ex recensione et cum notis Clarkii, ed. J. A. Ernesti. *Lipsiæ*, 1759, 5 vol. in-8. *dem. rel.*

1189. Homerus, gr. lat., ed. Berglero. *Patavii*, 1791, 2 vol. in-8. *br.*

1190. Homeri Hymnus in Cererem, gr. lat., ed. Mitscherlich. *Lipsiæ*, 1787, in-8. *cart.*

1191. Homericus Achilles Car. Drelincurtii penicillo delineatus. *Lugd. Bat.*, 1696, in-4. *vél.*

1192. Isocratis quæ exstant omnia, gr. lat. cum notis variorum, ed. Dobson. *Lond.*, 1828, 2 vol. in-8. *cart.*

1193. Isocrate, Œuvres complettes, trad. en français par l'abbé Auger. *Paris*, 1781, 3 vol. in-8. *v.*

1194. Lysiæ quæ exstant, græce. *Vindob.*, 1785, in-8. *br.* — Lysias, OEuvres complettes, trad. en français par Auger. *Paris*, 1783, in-8.

1195. Orphei Argonautica, gr. lat., ed. Eschenbach. *Traj. ad R.*, 1689, in-8.

1196. Opuscula mythologica, physica et ethica, gr. et lat. *Amst.*, 1688, in-8. *vél.*

1197. Pindari Olympia, Pythia, Nemea, Isthmia, ed. J. Benedicto. *Salmurii*, 1620, in-4. *v. f.*

1198. Carminum Pindaricorum fragmenta, ed. Schneider. *Argent.*, 1776, in-4. *br.*

1199. Placentinii (G.) Epitome græcæ Palæographiæ et

de recta græci sermonis pronunciatione dissertatio. *Romœ*, 1735, in-4.

1200. Plutarchi Apophtegmata. *Londini*, 1741, in-4. *v. ec. fil. d. s. t.*

1201. Scapulæ Lexicon græco-latinum. *Amst. Elzev.*, 1652, in-fol. *v. br.*

1202. Sententiosa vetustissimorum gnomicorum poetarum opera, gr. et lat. ed. Heyne, *Lipsiæ*, 1776. 2 tom. en 1 vol. in-8. *c.*

1202 *bis.* Stesichori Fragmenta, a J. A. Suchfort collecta et interpretatione illustrata. *Gottingœ*, 1771, in-4. *cart.*

1203. Themistoclis Epistolæ, gr. lat. ed. Schoettgenio. *Lips.*, 1710, in-8, *br.*

1204. Theocriti selecta Idyllia, gr. lat. ed. Edwards. *Cantab.*, 1779, in-8. *br.*

1205. Theocritus, Bion et Moschus gr. et lat., cum virorum doct. animad. scholia, indices et Em. Portii lexicon. *Londini*, 1829, 2 vol. in-8. *br.*

Langue latine.

1206. Ammonius, de adfinium vocabulorum differentia, ed. L. C. Valckenaer. *Lugd. Bat.*, 1739, in-4. *br.*

1207. Apuleii (L.) Metamorphoseos libri XI, ed. Pricæo. *Goudœ*, 1650, in-8. *v. fil.*

1208. Apuleii (L.) Opera, ad usum delphini. *Parisiis*, 1688, 2 vol. in-4. *v. br.*

1209. Auctores latinæ linguæ in unum redacti corpus, cum notis D. Gothofredi. *Genevœ*, 1622, in-4. *m. r. fleurdelysé d. s. t.*

1210. Auctores classici. *Amst.*, 17 vol. in-24. *br.*

Cæsar. 1746. — Cornelius Nepos. 1745. — Q. Curtius. 1670. — Epicteti Enchiridion. 1750. — Erasmi Colloquia. 1754. — L. A. Florus. 1736. — Horatius. 1743. — Justinus. 1722. — Juvenal. 1735. — Ovidius. 1751, 3 vol. — Plautus. 1731. — Sallustius. 1747. — Tacitus. 1734. — Terentius. 1735. — Valerius Maximus. 1690.

1211. Ausonii Opera, ad usum delph. ed. J. B. Souchay. *Parisiis*, 1730, in-4. *v. br.*

1212. Aviani (Fl.) Fabulæ, ed. Cannegietero. *Amstel.*, 1731, in-8. *v. br.*

1213. Baudii Epistolæ, orationes et libellus de fænore, *Lugd. Bat.*, 1650, in-12. *v. f.* — G. Scioppii infamia famiani. *Amstel.*, 1663, in-12. *v. br.*

1214. Burchard (Jac.), de linguæ latinæ in germania fatis. *Woltfenbutteli*, 1721, in-8. *br.*—Leopoldus, Variarum ætatum eloquentiæ. *Aug. Vind.*, 1708, in-12. *parch.*

1215. Catullus, Tibullus, Propertius. *Venetiis*, *Aldus*, 1502, in-12. *v. dent. d. s. t.*

1216. Catullus (C. V.) et in eum Is. Vosii observationes, *Londini*, 1684, in-4.

1217. Catulli, Tibulli et Propertii opera, ad usum Delphini. *Paris.*, 1685, 2 vol. in-4. *v. br.*

1218. Catulli, Horatii, aliorumque veterum poetarum latinorum carmina lyrica selecta, ed. J. A. Nasser. *Kiliœ*, 1794, pet. in-8. *br.*

1219. Cicero (M. T.), Epistolæ ad familiares. *Amst.*, 1677, 2 vol. in-8. *v. br.*

1220. Ciceronis Epistolæ familiares, ad usum Delph. *Parisiis*, 1685, in-4. *v. br.*

1221. Ciceronis Opera philosophica, ad usum Delph. tomus primus. *Paris.*, 1689, in-4. *v. br.*

1222. Ciceronis Orationes, ad usum Delph. *Paris.*, 1684, 3 vol. in-4. *v.*

1223. Ciceronis Librorum oratorium, tomus secundus, ad usum Delph. in-4. *v. br.*

1224. Ciceronis (M. T.) Orationes, cum notis M. Desjardins. *Paris.*, 1738, in-4. tom. 1 (*le seul publié*).

1225. Ciceronis Opera, ed. Oliveto. *Parisiis*, 1741, in-4. tom. 4, 5, 6. (Orationes.) *br.*

1226. Ciceronis Orationes verrinæ, ex recensione et cum animadversionibus Th. Chr. Harles. *Erlangœ*, 1784, 2 vol. pet. in-8. *br.* — Ciceronis Selectæ orationes, ed. A. H. Westerhovio. *Amst.*, 1735, in-8. *br.*

3/1 + 1227. Ciceronis Rhetoricorum libri IV et de inventione libri II, cum notis variorum, ed. P. Burmanno. *Lugd. Bat.*, 1761, in-8. *br.*

1228. Claudiani (Cl.) Opera, ed. G. Pyrrho, ad usum Delph. *Parisiis*, 1687, in-4. *v. fil.*

+ 1229. Claudien, Œuvres complettes, trad. en français (par Delatour). *Paris*, an VI, 2 vol. in-8. *br.* —

Claudien, Enlèvement de Proserpine, trad. par Mérian. *Berlin*, 1767, in-8. *br.*

1230. Desbillons, Fabulæ æsopiæ. *Mannhemii*, 1768, 2 vol. in-8. *br.*

1231. Desbillons (Fr. Jos.), Fabulæ æsopiæ. *Parisiis*, *Barbou*, 1778, in-12. *br.*

1232. Dictys Cretensis et Dares Phrygius de bello trajano, cum notis variorum. *Amstel.*, 1702, in-8. *br.*

1233. Doleti (St.) Commentaria linguæ latinæ. *Lugd.*, 1538, in-fol. tom. 2. *vél.*

1234. Dramata sacra, comædiæ atque tragœdiæ e veteri testamento desumptæ. *Basileæ*, 1547, in-8. 2 tom. en 1 vol. *vél.*

1235. Erasmus, De recta latini græcique sermonis pronuntiatione-Ciceronianus. *Lugd.*, 1531, in-8. *d. r.*

1236. Erasmus, Encomium moriæ. *Amst. Wetstein*, 1683, in-12. *v. f. tr. d.* — Erasmus, de lingua. *Lugd. Bat.*, 1641, in-12. *v. f. fil.*

1237. Erasmi Vita. *Lugd. Bat.*, 1642. — Erasmus, de immensa dei misericordia. *Lugd. Bat.*, 1641. — De contemptu mundi. 1641. — De virtute amplectenda. 1641. — Explicatio in symbolum apostolum. 1641. — Modus orandi deum. 1641. — Precationes. 1641. — De lingua. 1641. — Principis christiani institutio. 1641. — Enchiridion militis christiani. 1641. — Querela pacis. 1641. — De bello turcicis inferendo. 1643, 12 part. en 5 vol. in-12. *vél.* — Erasmus, Encomium moriæ. *Lugd. Bat.*, 1641, in-12. *v. f. fil.* — *Idem.* Dialogus ciceronianus. *Lugd. Bat.*, 1641, in-12. *v. f. fil.* — Erasmi Flores. *Lugd. Bat.*, 1645. — Justi Lipsii flores, opera Fr. Swertii. in-12, *vél.* — Erasmus, de lingua. 1641. — *Idem.* De recta latini græcique sermonis pronuntiatione. *Lugd. Bat.*, 1643, in-12. *vél.*

1238. Erasme, Colloques, trad. par Gueudeville, *Leide*, 1720, 6 vol. in-12. *v. br.* — Erasme, Eloge de la folie, trad. du lat. par Gueudeville. 1757, in-12. *fig. v.*

1239. Ernesti (J. H. M.) Clavis horatiana. *Berolini*, 1802, 3 tom. en 1 vol. in-8. *br.*

1240. Faerne (Gab.), Cent fables choisies des auteurs anciens, mises en vers latins et traduites par Perrault, lat. fr. *Londres*, 1743, in-4. *fig. br.*

1241. Fenelon, Fata Telemachi latino carmine reddita. *Berolini*, 1743, 2 vol. in-8. *broc.* en 1.

1242. Fracastorii (H.), Ad Fumani et N. Archii comitis carmina. *Patavii*, 1739, 2 vol. in-4. *br.*

1243. Auli Gellii noctes atticæ, ed. A. Thysio et J. Oiselio. *Lugd. Bat.*, 1666, in-8. *v. br.*

1244. Aulu-Gelle, Nuits attiques, trad. par de V. *Paris*, 1776, 3 vol. in-12. *v.*

1245. Hayneccius (Mart.), Almansor sive lvdvs literarivs, comædia. *Lipsiæ*, 1578, in-12. *non rel.*

1246. Hericurtius, de academiâ suessionensi, cum epistolis. *Montalb.*, 1678, in-8. *m. r. d. s. t.*

1247. Heynii (Chr. G.) Opuscula academica collecta. *Gottinguæ*, 1785, 6 vol. in-8. *bas.*

1248. Horatii (Quinti) Flacci opera omnia, cum Porphyrionis et Acronis commentariis ex recognitione R. Regii et Lud. de Strazarolis. *Patavii*, 1481, in-fol. *v. fil.*

Avec deux notes autographes, l'une de M. Brunet et la seconde de M. Thouret. M. Brunet regarde cette édition comme la plus ancienne connue avec le commentaire d'Acron.

1249. Horatius (Q.) Flaccus, accedunt Dan. Heinsii de satyrâ horatiana libri duo. *Lugd. Bat. Elzev.*, 1629. — Dan. Heinsii in Q. Horatii Flacci opera animadversiones et notæ. *Lugd. Bat., Elzev.*, 1629, in-12. *v. f.*

1250. Horatius (Q.) Flaccus, acced. G. Rutgersii lectiones. *Traject. Batav.*, 1699, in-12. *v. f. fil. d. s. t.*

1251. Horatii Opera. *Cantabrigiæ*, 1699, gr. in-4. *v.*

1252. Horatii (Q.) Flacci opera. *Londini*, *Sandby*, 1749, 2 tom. en 1 vol. in-8. *fig. v. f. fil.*

1253. Horatii (Q.) Flacci carmina, cum apposita italica interpretatione. *Mediolani*, 1786, in-4. *v. f. fil.*

1254. Horatii (Q.) Flacci poemata, cum scholiis, J. Bond. *Aurelianis*, *Couret de Villeneuve*, 1767 in-12. *m. r. fil. d. s. t.*

1255. Horatius (Q.) Flaccus. *Birming.*, *Baskerville*, 1770, in-4. *v.*

1256. Horatius (Q.) Flaccus, cum scholiis Joh. Bond.

Paris., *Achaintre*, 1806, in-8. *cart. à la Bradel.* — Horatii (Q.) Flaccii opera, ed. J. A. Amar. *Paris.*, 1825, in-18. *br.*

1257. Horatii (Q.) Flacci opera, in usum Delph. et cum notis variorum. *Londini*, *Valpy*, 1825, 5 tom. *cart.* en 4 vol. in-8.

1258. Horatii (Q.) Flacci, ex edit. Bipontina nova editio. *Paris.*, *Treutell et Wurtz*, 1828, in-8. *broc.* — Q. Horatii Flacci opera, ed. secunda. *Biponti*, 1792, in-8. *dem. rel.* — Q. Horatii Flacci opera. *Biponti*, 1783, in-8. *v. fil.*

1259. Horatii (Q.) Flacci odæ in locos communes digestæ. *Hanoviæ*, 1604, in-8. *parch.* — Il Canzoniere d'Orazio ridotto in versi toscani (da Steph. Ben. Pallavacino). *Lipsia*, 1736, in-8. *br.*

1260. Horace, Œuvres, trad. en vers par P. Daru. *Paris*, an 6 (1797), 2 vol. in-8. *br.* — Horace de la traduction de Martignac. *Paris*, 1697, 2 vol. in-12.

1261. Horace, L'art poetique, trad. en vers, suivi de la chute de Rufin, trad. de Claudien, par le marquis de Sy. *Londres*, 1816, in-8. *pap. vél. cart.* — Horace, Libre version des odes et des épodes par P. de Marcassus. *Paris*, 1664, in-8. *v.* — Horace, Le premier livre des odes, trad. en vers français, suivi de poesies diverses, par de Nanteuil. *Paris*, 1821, in 8. *broc.*

1262. Horace éclairci par la ponctuation, par Croft. *Paris*, 1810, in-8. *dem. rel.* — Les amours d'Horace (par de Solignac). *Cologne*, 1728, in-12.

1263. Parerga Horatiana. *Halis*, 1818, in-8. *br.*

1264. Juliani imp. Cæsares, ed. Heusinger. *Gothæ*, 1736, in-8 *vél.*

1265. Juvenalis (J.) et Persii satyræ. *Birming.*, *Baskerville*, 1761. in-4. *m. r. fil. tr. d.*

1266. Juvenalis (D J.) et Persii satyræ. *Birming.*, *Baskerville*, 1761, in-4. *v. f. fil. d. s. t.*

1267. Juvenal, Satyres, trad. par J. Dusaulx, avec notes par Achaintre. *Paris*, 1826, 2 vol. in-8. *cart.* — Juvenal et Perse, Satyres (trad. par de Marolles). *Paris*, 1658, in-8.

1268. Lexicon criticum sive thesaurus linguæ latinæ congestus à Ph. Pareo. *Norimb.*, 1645, in-8. *cart.*

1269. Martialis (M. Val.) Epigrammata, ad usum Delph. *Paris.*, 1680, in-4.

1270. Martialis (M. V.) Epigrammata. *Paris.*, *Lemaire*, 1825, 3 vol. in-8. *br.*

1271. Menestrerii Philosophia imaginum, id est, sylloge symbolorum amplissima. *Amst.*, 1695, in-8. *fig. vél.*

1272. Musarum anglicanarum analecta. *Oxonii*, 1692, in-8.

1273. Nigri (F.) Liberum arbitrium, tragœdia. *Apud J. Crispinum*, 1559, in-8. *parch.*

1274. Oppianus, De venatione, de piscatu, ed. C. Rittershusio. *Lugd.Bat.*, 1697, in-8.

1275. Ovidii (P.) Nasonis opera, cum notis variorum stud. B. Cnippingii. *Amstel.*, 1683, 3 vol. in-8.

1276. Ovidii (P.) Nasonis opera, ad usum Delph. *Lugduni*, 1689, 4 vol. in-4. *v. br.*

1277. Ovidii (P.) Nasonis opera, ed. J. F. Fischero. *Lips.*, 1758, 4 vol. in-8. *v.*

1278. Ovidii (P.) Nasonis opera. *Parisiis*, *Barbou*, 1793, 3 vol. in-12. *br.*

1279. Ovidii (P.) Tristium libri V. *Paris.*, 1718-1740, in-4.

1280. Ovidius, de Ponto, avec une trad. franç. par de Marolles. *Paris*, 1661, in-8.

1281. Ovide, Traduction des fastes par Bayeux. *Paris*, 1783, 4 vol. in-4. *fig. mar. r. doublé de tabis, fil. d. s. t.*

Cet exemplaire est avec les figures et les dessins originaux de Le Barbier.

1282. Panegyrici veteres, ad usum Delph. *Parisiis*, 1676, in-4.

1283. Persii, Juvenalis et Sulpiciæ satyræ. *Parisiis*, *Barbou*, 1776, in-12. *br.*

1284. Perse, Satires, trad. en français par Selis, avec notes d'Achaintre. *Paris*, 1822, in-8. *cart. à la Bradel.* — Perse, Satires, trad. nouvelle, avec notes par Lemonnier. *Paris*, 1771, in-8. — Perse, Satyres, trad. en vers françois par Taillade d'Hervilliers. *Paris*, 1776, in-8.

1285. Petronii (T.) Satyricon, curante P. Burmanno. *Traj. ad Rhenum*, 1709, in-4. *v. br.*

1286. Petronii (T.) Satyricon, cur. P. Burmanno, edit. secunda. *Amstel.*, 1743, 2 vol. in-4. *cart.*

1287. Petronii (T.) Satiricon, accedunt veterum poetarum analecta. *Biponti*, 1790, in-8. *v. fil.*—Petrone, latin et françois. *Amst.*, 1736, 2 vol. in-12. *cart.*

1288. Phædri Fabulæ, cum notis et animadv. Tanaquilli Fabri. *Salmurii*, 1657, in-4. *parch.*

1289. Phædri Fabulæ, ad usum Delphini. *Parisiis*, 1685, in-4. *v. br.*

1290. Phædri Fabulæ, cum comm. P Burmanni. *Leidæ*, 1727, in-4. *vél.*

1291. Phædri Fabulæ, ed. J. B. Gail. *Paris.*, *Lemaire*, 1826, 2 vol. in-8. *broc.*

1292. Plauti Comœdiæ, ad usum Delphini. *Paris.*, 1679, 2 vol. in-4. *v.*

1293. Plauti (M. A.) Captivi, ed. J. Bosscha. *Amstel.*, 1817, in-8. *br.*

1294. Plinii (C.) Epistolæ et Panegyricus, cum comment. J. M. Catanæi. *Paris.*, *Stephanus*, 1601, in-4. — Plinii (C.) Secundi Epistolæ et Panegyricus, ed. J. N. Lallemand. *Parisiis*, *Barbou*, 1788, in-12. *br.*

1295. Plinii (C.) Secundi Epistolæ, ed. Longolio. *Amst.*, 1734, in-4. *vél. doré.*

1296. Plinii (C.) Epistolæ. *Glasguæ*, 1751, in-4. *v. fil.*

1297. Plinii (C.) Secundi Epistolæ et Panegyricus, cum notis, ed. G. H. Schaefer. *Lips.*, 1805, in-8. *pap. fin. broc.*

1298. Poetarum (recentiorum) germanorum carmina latina selectiora, ex recensione J. T. Roenickii. *Helmstadii*, 1749, 2 vol. in-8. *broc.*

1299. Pompeius (Sex.) Festus et Verrius Flaccus, de verborum significatione, ad usum Delph. *Lutet.*, *Paris.*, 1681, in-4. *v.*

1300. Pugna porcorum, per P. Porcium poetam. *Brunsv.*, 1831, in-12. *br.*

1301. Puteani (Erycii) musarum ferculum, carmina ejus selecta. *Lovanii*, 1622, in-12.—Pomey (Fr.) Pantheum mythicum. *Ultraj.* 1701, in-12, *parch.*

1302. Rapini (R.) hortorum libri IV, ed. G. Brotier. *Parisiis, Barbou*, 1780, in 12. *br.*

1303. Reitzius (J. F.), de ambiguis mediis et contrariis. *Traj. R.*, 1752, in-8.

1304. Robinson (R.), Indices tres vocum fere omnium quæ occurrunt in Longinum, Eunapium et Hieroclem. *Oxonii*, 1772, in-8. *br.*

1305. Sanctii (Fr.) Minerva, seu de causis linguæ latinæ commentarius, cum notis variorum, ed. Ever. Scheidio. *Amst.* 1809, in-8. *br.*

1306. Sannazarii (A S.) opera latine scripta : secundis curis J. Broukhusii, acced. G. Altilii et aliorum carmina et notæ Vlamingii. *Amst.*, 1728, in-8, *vel.*

1307. Schonœus (C.), Terentius christianus, seu comœdiæ sacræ sex. *Antverpiæ*, 1698, in-8. *parch.*

1308. Senecæ (L. A.), tragœdiæ. *Biponti*. 1785, in-8. *br.*— Senecæ (L. et M. A.) tragœdiæ, cum notis Farnabii. *Paris*, 1625, in-8. *v. fil. d. s. t.*

1309. Terentii (P.) comœdiæ, ad usum delph. *Paris.*, 1675, in-4.

1310. Terentii (P.) comœdiæ sex. *Lut. Paris.*, *Barbou*, 1753, 2 vol. in-12, *br.*

1311. Vænii (Oth.), Emblemata horatiana, imaginibus in æs incisis, atque latino, german. gallico et Belgico carmine illustrata. *Amst.*, 1684, in-8. *cart.*

1312. Vidæ (M. H.), de Arte poetica, Bucolica et Epistola ad J. M. Gibertum, ed. Th. Tristram. *Oxonii*, 1722, in-8.

1313. Virgilii (P.) opera, cum notis J. L. de la Cerda. *Colon. Agripp.*, 1647, 3 vol. in-fol. *v.*

1314. Virgilii (P.) opera, ad usum delph. *Paris*, 1682, in-4., *br.*

1315. Virgilius. *Birmingh. Baskerville*, 1757, in-4. *br.*

1316. Virgilius. *Birminghamiæ. Bakerville*, 1757, in-4. *v. dos de mar. r.*

1317. Virgilii (P.) Maronis opera. *Parisiis*, *Barbou*, 1767, in-12, *br.*— P. Statii Thebaidos, opera ac studio M. de Marolles, latin et françois. *Lutetiæ Paris.*, 1658, 2 vol. in-8.

1318. Wimmer (M.), Tragœdiæ in theatro Invaviensi exhibitæ. *Norimbergæ*, 1764, in-8. *bas. d. s. tr.*

Langue française.

1319. Amour (l') en fureur, ou les excès de la jalousie italienne. *Cologne, à la sphère*, 1690, in-18, *dem. rel.*

1320. Amour (l') magot, les tisons et lettres écrites des campagnes infernales. *Londres*, 1738, pet. in-8., *cart.*

1321. Ancillon, Mélange critique de littérature. *Basle*, 1698, 3 vol. in-12, *v. br.*—Mélange critique de littérature, par M*** *Amst.*, 1701, in-12, *v.*

1322. Amelot de la Houssaye, Mémoires historiques, politiques et littéraires. *La Haye*, 1737, 2 vol. in-12, *v.* — Mémoires de littérature. *La Haye*, 1715, 2 vol. in-12, *v. f.*

1323. Apophtegmes des bons mots des anciens, tirés de Plutarque, etc., de la traduction de Perrot d'Ablancourt. *Amst.*, 1695, in-12, *bas.* —Esprit (l') des hommes illustres, roys, empereurs, capitaines, philosophes, etc. *Paris*, 1680, in-12, *v. br.*

1324. Art (l') de désopiler la rate. 1773, 2 vol. in-12, *bas.*

1325. Avis à M. Menage sur son églogue intitulée Christine. *Paris*, 1657. — La Ménagerie, à S. A. R. Mademoiselle. — La Ménagerie, à S. A. R. Mademoiselle de Montpensier, princesse de Dombes, in-12, *v.*

1326 Bary (Réné), L'esprit de cour, ou les conversations galantes. *Amst.*, 1665, in-12, *vel.*

1327. Baudory (le p.), OEuvres diverses. *Paris*, 1750, in-12, *bas.*—Coyès (l'abbé), Bagatelles morales. 1755, in-12, *v.*—Temple, œuvres mêlées. *Utrecht*, 1693, 2 tom. en 1 vol. in-12, *v. b.*

1328. Blanchon (Joach.), les premières œuvres poëtiques. *Paris*, 1683, in-12, *parch.*

1329. Bouchet (G.), serées, livre premier. *Poictiers*, 1585, in-12, *parch.*

1330. Bouhours, Manière de bien penser dans les ouvrages d'esprit. *Paris*, 1771, in-12, *br.* — Le même, Pensées ingénieuses des anciens et des modernes, 1689, in-12, *v. br.* —Le même, Pensées ingénieuses des Pères de l'Eglise. *Paris*, 1715, in-12, *v. br.*

1331. Bussy (de Rabutin), Lettres. *Amst.*, 1752, 6 vol. in-12, *v.*

1332. Bruys, mémoires historiques, critiques et littéraires. *Paris*, 1751, 2 vol. in-12, *v.*—Cantemir, satyres, avec l'histoire de sa vie, 1749, in-12, *br.*

1333. Carpentariana. *Paris*, 1724, in-12, *v.*— Furetieriana. *Paris*, 1696, in-12, *v. br.*—Huetiana, ou pensées diverses de M. Huet, evesque d'Avranches, *Paris*, 1722, in-12, *v.*—Matanasiana. *La Haye*, 1740, 2 tom. en 1 vol. in-12, *v.* —Naudæana et Patiniana. *Paris*, 1701, in-12, *v. br*,— Parrhasiana. *Amst.*, 1701, 2 vol. in-12, *v. br.*—Plagiairiana. *Amst.*, 1735, in-12, *v.*— Poggiana. *Amst.*, 1720, 2 vol. in-12, *v. br.* — Sorberiana. *Tolosæ*, 1691, in-12. *v. f.* — Valesiana. *Paris*, 1693. in-12, *v. br.* — Vasconiana, *Paris*, 1708, in-12, *v. f.*— Sévigniana. *Paris*, 1768, in-12, *br.*

1334. Comédies (Recueil de) manuscrites, in-4, *dem. rel. dos de mar. r.*

Contient 7 pièces dont 4 n'ont pas été imprimées.

1335. Congé des troupes de Hollande, par le s^r^...., avec la réfutation du dit congé, par le colonel françois de Pierson, de Courval. *Cologne*, 1679, in-12 *v.*

1336. Contes et discours d'Eutrapel, par Noël Du Fail, 1732. 3 vol. in-12, *v.*

1337. Corbinelli, extraits de tous les beaux endroits des ouvrages des plus célèbres autheurs de ces temps, *Amst.*, 1681, 5 tom. en 3 vol. in-12, *v. br.*

1338. Coupé, Soirées littéraires. in-8., tom. 1 à 16. — Spicilege. 2 vol. in-8. — Variétés littéraires. n° 1 à 21, 23 à 25, in-8.

1339. Dacier (Mme), Des causes de la corruption du goust. *Paris*, 1714, in-12. *v.* — Rigoley de Juvigny, Décadence des lettres et des mœurs. *Paris*, 1787, in-12. *v. fil.*

1340. Les Dames illustres, où, par de bonnes et fortes raisons, il se prouve que le sexe féminin surpasse en toute sorte de genres le sexe masculin, par damoiselle J. Guillaume. *Paris*, 1665, in-12. *v. br.*

1341. Dunoyer (Mme), Lettres historiques et galantes. 1738, 6 vol. in-12. *v.*

1342. Les mêmes. 1757, 6 vol. pet. in-12. *v. gr.*

1343. Entretiens des cheminées de Paris (par Bordelon). *La Haye*, 1736, pet. in-8.

1344. Epistres morales et familières du Traverseur (Jehan Bouchet). *Paris*, 1545, in-fol. *v. f.*

Deux feuillets manusc., plusieurs feuillets racommodés.

1345. Facecieux (le) réveille-matin des esprits mélancoliques, ou remède préservatif contre les tristes. *Rouen*, 1694, in-12. *parch.*

1346. Fameuse (la) compagnie de la Lesine ou Alesne, c'est-à-dire, la manière d'espargner, acquérir et conserver, trad. de l'ital. *Paris*, 1618, 5 vol. in-12, *v. f.*

1347. Florian, Les six nouvelles. *Paris*, *Didot*, 1784, in-18. *mar. r. fil. tr. d.* — Florian, Théâtre. *Paris*, 1784, 2 vol. in-18. *v. tr. d.*

1348. Formey, Souvenirs d'un citoyen. *Paris*, 1797, 2 vol. in-12. *dem.-rel.*

1349. Franeau (J.) seigneur de Lestoquoy, Jardin d'hyver, ou cabinet des fleurs contenant, en XXVI élégies, les plus rares et signalés fleurons des plus fleurissans parterres. *Douay*, 1616, in-4. *fig. parch.*

1350. Gaigne, Encyclopédie poétique. 18 vol. in-8. *dem.-rel.*

Le tome Ier manque

1351. Genlis (Mme de), Théâtre à l'usage des jeunes personnes. *Paris*, 1781, 4 vol. in-18. *fig. v. ec. fil. tr. d.* — Piis et Barré, Théâtre. *Londres* (*Paris*, *Cazin*), 1785, 2 vol. in-18. *v. ec. fil. tr. d.*

1352. Grandes (les) et incomparables aventures de milord Ptit, de herr Rodomont Mic-Mak, de quelques autres preux chevaliers, de leurs dames, de leurs écuyers; ensemble des rois pour lesquels ils se sont battus ou fait battre (par Locré.) *Paris*, an VII, 2 vol. in-12, *br.* +

Cet ouvrage a été détruit. Il en reste un très petit nombre d'exemplaires en circulation. *Voy.* Catalogue Barbier, n° 607.

1353. Gresset, OEuvres choisies. *Paris*, *Didot*, an II,

in-18, *fig. br.* — Bernard, OEuvres complettes. (*Paris, Cazin*), in-18, *v. ec. fil. tr. d.*

1354. **Hamilton**, Mémoires du comte de Grammont et œuvres mêlées, 1749, 5 vol. in-12, *v.*

1355. Journal amoureux. *Amst.*, 1670, in 18, *dem. rel.*

1356. La Fontaine, Fables choisies. *Liege*, 1780, 2 vol. in-18, *v. éc. fil. tr. d.* — Montesquieu, Lettres persannes, suivies du Temple de Gnide. *Londres*, (*Paris, Cazin*) 1784, 2 vol in-18., *v. ec. fil. tr. d.*

1357. La Grange-Chancel, OEuvres *Paris*, 1758, 5 vol. pet. in-12, *v.*

1358. La Riviere (madame de), Lettres. *Paris*, 1776, 3 vol. in-12, *cart.*

1359. La Suze (Mme de), Recueil de pièces galantes en prose et en vers. *Paris*, 1698, 2 tom. en 1 vol. in-12, *v. br.*

1360. Lettres de mademoiselle de Montpensier, de mesdames de Motteville et de Montmorency, de mademoiselle Dupré et de madame de Lambert. *Paris*, 1806, in-12. *br.*—Lettres d'Héloise et d'Abailard, mises en vers françois, par de Beauchamps. *Paris*, 1721, in-12, *v. br.*

1361. Lettres Juives, par le marq. d'Argens. *La Haye*, 1736, 6 tom. en 3 vol. in-12, *v.* — Argens (le marquis), Mémoires et Lettres. 1748, in-12.

1362. Lettres turques, historiques et politiques, écrites par Mehemet II, ses généraux, etc., trad. du grec et de l'arabe. *Paris*, 1764, 2 tom. en 1 vol. in-12. *v.*

1363. Linguet : Histoire du siècle d'Alexandre. 1769, in-12. — Canaux navigables. 1769, in-12.—Requête au Roi. 1776 : Réponse aux docteurs modernes. 1771, in-12.—Mémoires et Plaidoyers. 1773, 8 vol. in 12.—Théorie des lois civiles. 1767, 2 vol. in-12. — Histoire des révolutions de l'empire Romain, 1766, 2 vol. in-12. — Histoire impartiale des Jésuites, 1768, 2 vol. in-12. — Histoire universelle du 16e siècle. 1769, 2 vol. in-12. — Théâtre espagnol. 1770, 4 vol. in-12. — Essai philosophique sur le monachisme, 1775, in-12. — Du pain et du bled, 1774, in-12. — Théorie du paradoxe (par Morellet) 1775 : Théorie du libelle, 1775, in-12. — Lettres sur la théorie des lois civiles et autres opuscules, 2 vol. in-12 — Lettre à M. de Vergennes; 1777, in-8. 29 vol. in-8 et in-12, *non uniformes.*

1364 Mélanges tirés d'une grande bibliothèque, 70 vol. in-8. *rel. et broch.* (*Le tome 65 manque.*)

1365 Mémoires sur divers genres de littérature et d'histoire, par la société des curieux, publiés par Martel. *Paris*, 1722, 2 tom. en 1 vol. in-12. *mar. r. fil. tr. d.*

1366. Menage, Dictionnaire étymologique de la langue françoise, corrigé et augmenté, par A. F. Jault. *Paris*, 1750, 2 vol. in-fol. *v.*

1367. Menken, de la charlatanerie des savans. *La Haye*. 1721, in-12. *v. br.* — Entretiens sur les anciens auteurs, *Paris*, 1697, in-12. *v. br.*

1368. Méré (de), Lettres. *Paris*, 1689, 2 vol. in-12, *v. br.* — Loredano, Lettres, trad. de l'italien. par de Veneroni. *Amst.*, 1695, in-12, *v. br.*

1369. Mirabeau, Lettres originales écrites pendant les années 1777, 78, 79 et 80, recueillies par P. Manuel. *Paris*, 1792, 4 vol. in-12. *br.*

1370. Moyens (les) de se guérir de l'amour. Conversations galantes. *Lyon*, 1681, in-12. *v. br.*

1371. Mystère des actes des Apostres. *Paris*, *Nic. Cousteau*, 1537, 2 vol. in-fol. *rel en 1, goth. mar. bl. d. s. t. doublé de mar. r.* (*Quelques transpositions dans la table.*)

Il manque : Tome 1er, le titre et le privilége; tome 2e le titre la fin de la table et le dernier feuillet, sur le recto duquel est un rondeau.

1372. Ne pas croire ce qu'on void, histoire espagnole. *Paris*, 1677, in-18. *dem. rel.*

1373. Nouvelles de l'ordre de la boisson, avec privilège du grand maistre. (*Lyon*, 1704), in-12. *cart.*

Avec une note manuscrite.

1374. OEuvres du philosophe bienfaisant (Stanislas). *Paris*, 1764, 4 vol. in-12. *cart.*

1375. Palissot, OEuvres complettes. *Paris*, 1779, 7 vol. in-12. *v.*

1376. Patin (Guy), Lettres choisies. *La Haye*, 1707, 3 vol. in-12. *v.* — Le même, Nouvelles lettres publiées par Ch. Spon. *Amst.*, 1718, 2 vol. in-12. *v.*

1377. Pavillon, OEuvres. 1750, 2 vol. in-12. *v.* — Lafargue, OEuvres melées. *Paris*, 1765, 2 vol. in-12. *bas.*

1378. Pellisson, Lettres historiques. *Paris*, 1729, 3 vol. in-12. *v. f.*

1379. Perriers (Bonav. des) Cymballum mundi ou dialogues satyriques sur différens sujets. *Amst.*, 1732. in-12. *broc.*

1380. Pluche, La mécanique des langues et l'art de les enseigner. *Brest*, 1811, in-12. *v.*

1381. Pluton Maltotier, Nouvelle galante. *Cologne*, 1708, in-12. *dem. rel.*

1382. Princesse (la) Agathonice ou les différens caractères de l'amour. *La Haye*, 1693, in-18. *dem. rel.*

1383. Rabelais (Fr.), Lettres écrites pendant son voyage d'Italie. *Brusselle*, 1710, in-12. *v. br.* — Jugement et nouvelles observations sur les œuvres de Rabelais. *Paris*, 1697, in-12. *v. br.*

1384. Racine, Esther, tragédie. *Paris*, 1689, in-4. *fig. v. br.* — Racine, Athalie, tragédie. *Paris*, 1691, in-4. *fig.* — Poeme sur la grace, par L. M. D. L. V. R. D. S. T. (la mère de la Vierge, relig. de St. Thomas) *Paris*, 1654, in-4. *parch.*

1385. Recueil de littérature, de philosophie et d'histoire. *Amst.*, 1730, in-8. *v. f.* — Récréations littéraires ou pensées choisies sur différens sujets, par L. (Lautour). *Paris*, 1769, in-12. *v.*

1386. Reflexions sur les grands hommes qui sont morts en plaisantant. *Amst*, 1732, in-12. *v.*

1387. Regnier, Satyres et autres œuvres. *Londres*, 1733, in-fol. *gr. pap. v. ec. fil. dos de mar. r. (rel. de Derome).*

1388. Relation de l'isle de Borneo (par Fontenelle). *En Europe.* (*Paris, Didot l'ainé*), 1807, in-12. *broc.*

Tiré à 100 ex.

1389. Rollin, De la manière d'enseigner et d'étudier les belles-lettres. 4 vol. in-12. *bas.*

1390. Romant (le) du Renart. in-8. *parch.*

Manuscrit sur vélin.

1391. Rostreneu (Greg. de), Dictionnaire françois celtique ou françois breton. *Rennes*, 1732, in-4. *v. f. filets.*

1392. Les saisons, poeme (par St. Lambert). *Amst.*, (*Paris*), 1775, in-8. *fig. avant la lettre, pap. d'Holl. cart. à la Bradel, n. rog.*

1393. Satyres (des) personnelles, traité hist. et critique

de celles qui portent le titre d'anti, par de Verton (Adr. Baillet). *Paris*, 1689, 2 vol. in-12. *v. f.*

1394. Scarron, Œuvres. *Paris*, 1752, 6 vol. in-12.

1395. De la Thuillerie, Théâtre, nouv. édit. *Amsterdam*, (*Paris*), 1745, in-12. *mar. r. fil. d. s. t.*

1396. Oratius Tubero (Lamothe Levayer), Cinq dialogues faits à l'imitation des anciens. 1716, 2 vol. in-12. *v. f. fil. tr. d.*

1397. Venette (Jehan), La vie des trois Maries, de leur mère, de leurs enfans et de leurs marys. *Paris*, *pour la Vefve Bonfons* (sans date), in-4. *gothique, mar. r. d. s. t.* (*la feuille O est d'une autre édition*).

1398. Vénus la populaire, ou apologie des maisons de joie, trad. de l'angl. 1796, in-18. *bas.*

1399. Visconti, Lettres, anecdotes et mémoires historiques, mises au jour, en ital. et en franç., par Aymon. *Amst.*, 1719, 2 vol. in-12. *v.* — Bongars (J. de), Lettres, en franç. et en lat. *La Haye*, 1695, 2 vol. in-12. *v. br.*

1400. Voltaire, Evangile du jour. *Londres*, (*Hollande*), 1772, 18 tom. en 9 vol. in-8. *dem. rel. non rogné.*

1401. Voltaire, Œuvres. 1770, 48 vol. in-8. *mar. bl. fil. doublé de tabis, tr. d.*

1402. Voltaire, Romans et contes. *Londres* (*Paris, Cazin*), 1781, 3 vol. in-18. *mar. r. fil. tr. d.*

1403. Vrais (les) plaisirs ou les amours de Venus et d'Adonis, (trad. de Marin, par Freron et d'Estouteville). *Amst.*, 1751, pet. in-8. *dem. rel. dos de v. f.*

Langue Allemande. — Anglaise. — Espagnole. — Italienne. — Portugaise. — Langues septentrionales.

1404. Algarotti, Œuvres, trad. de l'ital. *Berlin*, 1772, 7 volumes in-12. *v. fil.*

1405. Aventures plaisantes de Gusman d'Alfarache. *Paris*, 1781, 3 vol. in-18. *v. ec. tr. d.* — Thomson, Saisons, trad. de l'anglais. (*Paris, Cazin*), in-18. *v. ec. fil. tr. d.*

1406. El Cavallero determinado, traduzido de la lengua francesa en Castellana, por don Hernando de Acuña. *Anveres*, 1691, in-8. *fig. vél.*

1407. Cervantes, Les principales aventures de don Quichotte, avec fig. de Coypel, Picart-le-Romain. *La Haye*, 1746, in-fol. *mar. v. fil. d. s. t.*

1408. Edda Sæmundar hins Froda: Edda rhythmica, seu antiquior vulgo Sæmundina dicta. Pars III[a] continens carmina Völuspa, hàvamàl et rigsmal. *Hauniæ*, 1828, in-4. *br.*

1409. Fraehn (C. M.), De origine vocabuli rossici (Dembgi). *Casani*, in-4. *br.*

1410. Fregoso (Ant.), Riso de Democrito composto per il magnifico cavalere Phileremo. *Milano*, 1506, in-4.

1411. Haltaus (Chr. J.), Glossarium germanicum medii Ævi. *Lipsiæ*, 1758, 2 tom. en 1 vol. in-fol.

1412. Leibnitzii Collectanea etymologica. *Hanov.* 1717, in-8, *c.*

1413. Sousa (J. de), Vestigios da lingua arabica em Portugal. *Lisboa*, 1789, in-4. *bas.*

1414. Tasso, La Gerusalemme liberata. *Venezia*, 1745, in-fol. *fig. v. f. fil.*

1415. Tasse, Jérusalem délivrée. *Londres* (*Paris, Cazin*), 1780, 2 vol. in-18. *mar. r. fil. tr. d.*

HISTOIRE.

Géographie. — Voyages.

1416. Anson (G.), Voyage autour du monde fait en 1740, 41, 42, 43 et 44, trad. de l'anglois. *Paris*, 1764, 4 vol. in-12. —Gemelli Careri, Voyage autour du monde. *Paris*, 1776, 6 vol. in-12.

1417. Après (d') de Mannevillette, Neptune oriental. *Paris*, 1745, in-fol. *vélin vert.*

1418. Artificia hominum miranda naturæ, in Sina et Europa. *Francof. ad Mœnum*, 1655, in-12.

1419. Baudelot de Dairval, De l'utilité des voyages et de

l'avantage que la recherche des antiquitez procure aux sçavans. *Paris*, 1686, 2 tom. en 1 vol. in-12.

1420. Bernier, Voyages au Mogol. *Amst.*, 1710, 2 vol. in-12. *fig.*

1421. Bossu, Nouveaux voyages aux Indes occidentales. *Paris*, 1768, 2 tom. en 1 vol. in-12. *v. fil.* — Massé, Voyages et avantures. *Bordeaux*, 1710, in-12. *broc.*

1422. Brydone, Voyage en Sicile et à Malthe, trad. de l'angl. par Demeunier. *Paris*, 1776, 2 vol. in-12. *v. fil.* — Nouvelle relation du voyage et description de l'isle de Malthe. *Paris*, 1679, in-12. *v. br.* — Manuel de l'étranger qui voyage en Italie. *Paris*, 1778, in-12.

1423. Camus (A. G.), Mémoire sur la collection des grands et petits voyages, et sur la collection des voyages de Thévenot. *Paris*, an XI (1802), in-4. *cart.*

1424. Chappe d'Auteroche, Atlas du voyage en Sibérie. in fol.

1425. Collection of voyages and travels. *London*, 1745, 2 vol. in-fol. *fig. v. br.*

1426. Découverte de l'empire de Cantahar. *Paris*, 1730, in-12.

1427. De la Grive, Cours de la Seine et des rivières et ruisseaux affluens, levé de 1732 à 1737, in-fol. *fig. coloriées. v.*

Manuscrit sur vélin.

1428. Description de la côte de Guinée, par G. Bossman, 2 vol. in-12.—G. Smith, nouveau voyage en Guinée. *Paris*, 1751, 2 vol. in-12.

1429. Diereville, Voyage du Port-Royal de l'Acadie, ou Nouvelle France, *Amst.*, 1710.—Prince de Kouchimen et dom Alvar del Sol. *Paris*, 1710, in-12.

1430. Garipuy, Carte générale du Languedoc, levée en 1771, in-fol. *dem. rel.*

1431. Graaf, Voyages aux Indes orientales. *Amst.*, 1719, in-12.—J. H. Grose, Voyage aux Indes orientales, trad. de l'anglois par Hernandez. *Londres*, 1758, in-12. — Relation du voyage et retour des Indes orientales pendant les années 1690 et 1691. *Bruxelles*, 1692, in-12.

1432. Groskurd, Observationes in Strabonis Iberiam. *Strals.* 1819, in-8. *cart.*

1433. Gumilla (J.), Histoire naturelle, civile et géographique de l'Orénoque et des principales rivières qui s'y jettent, trad. de l'espagnol. *Avignon*, 1758, 3 vol. in-12. — Waffer, Voyages contenant une description de l'isthme de l'Amérique et de toute la nouvelle Espagne, trad. de l'anglois par de Montirat. *Paris*, 1706 in-12.

1434. Hennepin, Nouvelle découverte d'un très grand pays situé dans l'Amérique. *Utrecht*, 1697, in-12.

1435. Hennepin et Delaborde, Voyages nouveaux et curieux. *Amst.*, 1711, in-12.

1436. Labat (J. B.), nouvelle relation de l'Afrique occidentale. *Paris*, 1728, 5 vol. in-12.

1437. Labat (J. B.), Voyage de Desmarchais en Guinée. *Paris*, 1730, 4 vol. in-12.

1438. Lade (Rob.), Voyages en différentes parties de l'Afrique, de l'Asie et de l'Amérique, trad. de l'anglois. *Paris*, 1744, 2 vol. in-12 *br.* — Voyages d'un philosophe, ou observations sur les mœurs et les arts des peuples de l'Afrique, de l'Asie et de l'Amérique. *Lyon*, 1769, in-12.

1439. Lahontan, Voyages dans l'Amérique septentrionale. *Amst.*, 1728, 3 vol. in-12, *dem. vel. dos de vel.* — H. Ellis, Voyage de la baye de Hudson, fait en 1746 et 1747, trad. de l'anglois. *Paris*, 1749, 2 vol. in-12, *v. f.*

1440. Laroque, Voyage fait dans la Palestine vers le grand Emir, avec la description de l'Arabie, par Abulfeda, trad. en franç. *Paris*, 1717, in-12. *v. f. ex. de Soubise.*

1441. Lemaire, Voyages aux iles Canaries. *Paris*, 1695, in-12. *mouillé.* — Tachard, Second voyage à Siam. *Middelbourg*, 1689, in-12.

1442. Lettres écrites de Suisse, d'Italie, de Sicile et de Malthe, par M***. (Rolland). *Amst.*, 1780, 6 vol. in-12.

1443. Luillier, Nouveau voyage aux grandes Indes. *Rotterd.*, 1726, in-12. — Laflotte essais historiques sur l'Inde, précédés d'un journal de voyages et d'une description géographique de la côte de Coromandel. *Paris*, 1769, in-12. *broc.*

1444. Maundrell (H.), Voyage d'Alep à Jérusalem en 1697, trad. de l'angl. *Paris*, 1706, in-12.

1445. Mehemet-Effendi, Relation de son ambassade en France. *Paris*, 1757, in-12. *br.*

1446. Misson, Nouv. voyage d'Italie, 4e ed. *La Haye*, 1727, 3 vol. in-12. — J. Baretti, Voyage de Londres à Gènes, trad. de l'angl. *Amst.*, 1777, 4 vol. in-12.

1447. Montaigne (Michel de), Journal du voyage en Italie, avec notes par de Querlon. *Paris*, 1774, 3 vol. pet. in-12.

1448. Muller (G. P.), Voyages et découvertes faites par les Russes le long des côtes de la mer glaciale et sur l'océan oriental, tant vers le Japon que vers l'Amérique, trad. de l'allem. par C. Q. F. Dumas. *Amst.*, 1766, 2 tom. en 1 vol. in-12. — Bell d'Antermony, Voyages de St. Petersbourg dans diverses contrées de l'Asie, trad. de l'angl. *Paris*, 1766, 3 vol. in-12. *bas.*

1449. Neptune françois. 1773, in-fol. tome 1er. *v.*

1450. Oléarius et Mandeslo, Voyages en Moscovie, Tartarie, Perse et aux Indes orientales, publiés par de Wicquefort. *Amst.*, 1727, 4 vol. in-fol. *v. f.*

1451. Olof Torée, Voyage fait à Surate, à la Chine, etc., de 1750 à 1752, publié par Linnæus et trad. du suedois par Blackford. *Milan*, 1771, in-12. *br.* — Voyage de J. Ovington faits à Surate. *Paris*, 1725, 2 vol. in-12.

1452. Patin (C.), Relations historiques et curieuses de voyages. *Amst.*, 1695, in-8. *vél.*

1453. Philoponi (H.) Nova typis transacta navigatio novi orbis indiæ occidentalis. 1621, in-fol. *fig. cart.*

1454. Pilote de l'isle de St. Domingue et des débouquemens de cette ile. *Paris*, *I. R.*, 1787, in-fol. *mar. r. tr. d.*

1455. Pilote de Terre-Neuve. *Paris*, 1784, in-fol. *mar. r. d. s. t.*

1456. Pomponius Mela, de situ orbis, cum notis variorum, ed. A. Gronovio. *Lugd. Bat.*, 1748, in-8. *vél.*

1457. Recueil de voyages au nord. *Amst.*, 1715, 10 vol. in-12.

1458. Recueil des voyages qui ont servi à l'établissement et au progrès de la compagnie des Indes orientales formée dans les Provinces-Unies des Pays-Bas. *Amst.*, 1725, 7 vol. in-12.

1459. Relation de ce qui s'est passé dans les isles et terre ferme de l'Amérique. *Paris*, 1671, 2 vol. in-12.

1460. Riedl (A. Von.) Atlas de Bavière (en allemand). *Munich*, 1796, 2 vol. in-4. *fig. color. v.*

1461. Sanson, Voyage ou état présent du royaume de Perse. *Paris*, 1695, in-12.

1462. Saumery, Mémoires et aventures secrètes et curieuses d'un voyage du Levant. *Liege*, 1731, 2 vol. in-12.

1463. Souchu de Rennefort, Histoire des Indes orientales. *Leide*, 1688, in-12. *dem. rel.*

1464. Spon (J.) et G. Wheler, Voyage d'Italie, de Dalmatie, de Grèce et du Levant. *La Haye*, 1724, 3 vol. in-12. *vél.* (Imparfait de la fin de l'épitre et du commencement de la préface.) — Lettres écrites sur une dissertation d'un voyage de Grèce, publié par M. Spon, (par Guillet). *Paris*, 1679, in-12.

1465. Strabon, Géographie, trad. du grec en français. (par Laporte-Dutheil, Coray et Le Tronne). *Paris*, 1805-1819, 5 vol. in-4. *broc. et cart.*

1566. Struys (J.), Voyages en Moscovie, en Tartarie, en Perse, aux Indes, etc. *Amst.*, 1718, 3 vol. in-12.

1467. Valle (Pietro della), Voyages dans la Turquie, l'Egypte, etc. *Paris*, 1745, 8 vol. in-12.

1468. Vansleben, Nouvelle relation d'un voyage fait en Egpte en 1672 et 1673. *Paris*, 1677, in-12. *cart.*

1469. Vaz Dalmada, Tratado do successo que teve a nao S. Joam Baptista e jornada que fez a gente, qui della Escapou, desdetrinta, trygraos no cabo de boa esperanza onde fez naufrageo, até zofala vindo sunpre marchando por terra. *Lisboa*, 1625, in-4. *rare.*

1470. Vibius sequester, de fluminibus, fontibus, lacubus, nemoribus, paludibus, montibus, gentibus, quorum apud poetas mentio fit, edente J. J. Oberlino. *Argentorati*, 1778, in-8. *br.*

1471. Voyage pittoresque dans le Bocage de la Vendée. ou vues de Clisson et de ses environs, dessinées par C. Thienon. *Paris*, 1817, in-4. *br.*

1472. Voyage pour la rédemption des captifs au royaume d'Alger et de Tunis, fait en 1720. *Paris*, 1721, in-12. — Relation fidelle du voyage de la Terre sainte par un religieux de Saint-François, observantain. *Paris*, 1754, in-12.

1473. Voyages en Turquie, Perse, Armenie, Arabie et Barbarie, par un Missionaire Jésuite. *Paris*, in-12.

1474. Voyages historiques de l'Europe, par de B. F. *Brusselles*, 1704. 8 tom. en 3 vol. in-12.

Chonologie. — Histoire universelle.

1475. Bengelii (Alb.), Ordo temporum a principio ad finem usque ex scriptura, V. et N. T. *Stutgardiæ*, 1741, in-8, *br.*

1479. Camuzæi (N.), Chronologia seriem temporum et historiam rerum exhibens. *Trecis*. 1608, in-4. *b.*

1477. Cristianus ad solitarium de ymagine mundi (per Honorium.) in-fol. *goth.*

Imprimé vers 1472, avec les caractères d'Ant. Koburger de Nuremberg.

1478. Delille de Salles, Histoire des hommes, 55 vol. in-12, *fig. v.*

Histoire ecclésiastique.

1479. Albi (H.), Eloges historiques des cardinaux illustres. *Paris*, 1644. in-4. *demi-rel.*

1480. Ancien gouvernement de l'ordre de Cisteaux. *Paris*, 1674, in-12, *v. br.*

1481. Anecdotes ecclésiastiques tirées de l'histoire de

Naples, de Giannone. *Amst.*, 1738, pet. in-8, *v. b.*

1482. Bar, Recueil de tous les costumes des ordres religieux et militaires. *Paris*, 1778, in-fol. *tom.* 1 *fig. color. v. f. fil. d. s. t.*

1483, Berruyer. Histoire du peuple de Dieu. Ire et 2e partie, 1728, 1755, 12 vol. in-4. *v.*—3e partie, 1757, 2 vol. in-4, *br.*

1484. Binghami (Jos.) Origines, sive antiquitates ecclesiasticæ ex lingua anglic. in lat. translat. à J. Fl. Grischovivo. *Viennæ*, 1786, in-8. (*tom.* 1, *seul publié.*)

1485. Bock (Fr. S.), Historia Antitrinitariorum maxime sociniasmi et socinianorum. *Regiomonte*, 1777, *tom.* 1, *p.* 1 *et* 2. in-8.

1486. Bonanni Templi Vaticani historia. *Romæ*, 1696, in-fol. *br.*

1487. Bourdillon, Essai sur les dissentions des églises de Pologne. *Basle*, 1767, in-8. *br.*

1488. Braunius, Vestitus sacerdotum hebræorum. *Amstel.*, 1680, 2 vol. in-4.

1489. Burchardi (J.) Specimen historiæ arcanæ sive anecdota de vita Alexandri VI, Papæ, edente G. G. L. *Hanoveræ*, 1696, in-4.

1490. Calles (S.) Series Misnensium episcoporum. *Ratisbonæ*, 1752, in-4. *br.* — Conatus chronologicus ad catalogum episcoporum, archiepiscoporum, cancellariorum, archi cancellariorum et electorum Coloniæ Claudiæ Augustæ Agrippinensium. *Coloniæ*, 1745, in-4. *br.*

1491. Calmet, Histoire de l'ancien et du nouveau testament et des Juifs. *Paris*, 1770, 5 vol. in-12. *br.*

1492. Cange (Dufresne du), Traité du chef de S. Jean Baptiste. *Paris*, 1665, in-4. *v. br.*

1493. Capelli (Lud.) Chronologia sacra. *Parisiis*, 1655, in-4. *v. br.*

1494. Collectio scriptorum rerum historico-monastico-ecclesiasticarum variorum religiosorum ordinum, edd. Michaele Kuen et Michaele III. *Ulmæ*, 1755-1765, 5 tom. en 6 vol. in-fol. *br.*

1495. Crasset, Histoire de l'église du Japon. *Paris*, 1715, 2 vol. in-4. *br.*

1496. Diplomataria sacra ducatus Styriæ, olim collegit

S. Pusch, edidit et auxit Ev. Froelich. *Viennæ*, 1756, 2 vol. in-4. *br.*

1497. Drusii (Joh.) de sectis judaicis commentarii, ed. J. Scaligero. *Arnhemiæ*, 1619, in-4. *vél.*

1498. Gronovius, de Nece Judæ et cadaveris ignominia. *Lugd. Bat.*, 1702, in-4.

1499. Heidegger (J. H.) Historia papatus. *Amstel.*, 1684, in-4.

1500. Histoire de la Congrégation des filles de l'enfance de N. S. J. C. *Amst.*, 1734, 2 vol. in-12. *v.*

1501. Histoire du différend d'entre le pape Boniface VIII et Philippe-le-Bel. *Paris*, 1755, in-folio.

1502. Historia flagellantium, de recto et perverso flagrorum usu apud christianos (auct. Boileau). *Parisiis*, 1700. — Lettre à M. L. C. P. D. B., sur le livre intitulé : *Historia flagellantium*. in-12. *v. f.*

1503. Imago primi sæculi societatis Jesu. *Antverpiæ*, 1640, in-fol. *vél.*

1504. Josippon sive Josephi Ben-Gorionis historia Judaica, gr. lat., ed. Gagnier. *Oxonii*, 1706, in-4. *cart. non rogné.*

1505. Kresslinger, Ortus et progressus S. Ordinis fratrum minorum, S. P. Francisci. *Monachii*, 1732, in-8.

1506. Kortholti (Chr.) Historia ecclesiastica novi testamenti. *Hamburgi*, 1708, in-4. *vél.*

1507. Lecointe, Annales ecclesiastici francorum. *Parisiis*, 1665, 8 vol. in-fol. *v. br.*

1508. Leopollo Da Vienna (P.), notizie storiche spettante al sacro eremo di camaldoli. *Firenze*, 1795, in-8. *cart.*

1509. Mabillon, Dissertation sur le culte des saints inconnus, trad. en fr. par L. R. (Le Roy). *Paris*, 1705, in-12. *v. br.* — Ruinart, Apologie de la mission de S. Maur. *Paris*, 1702, in-8.

1510. Mosheim (J. L.) de beghardis et beguinabus commentarius. *Lips.*, 1790, in-8.

1511. Moshemii Historia Tartarorum ecclesiastica. *Helmstadii*, 1741, in-4. *cart.*

1512. Moshemii Institutiones historiæ ecclesiasticæ antiquæ et recentioris. *Helmstadii*, 1764, in-4. *vél.*

1513. **Murri, Identita della S. Casa di Nazarette in Loreto.** *Loret.*, 1791, in-4. *c.*

1514. Orlandini Historia societatis Jesu. *Col. Agrip.*, 1615, in-4. *v.*

1515. Pacome, Description du plan en relief de l'abbaye de la Trappe *Paris*, 1708, in-4. *fig. v. br.* — Description de l'abbaye de la Trappe. *Paris*, 1689, in-12. *fig. v. br.*

1516. Pagi, Breviarium historico-chronologico-criticum illustriora pontificum roman. gesta, consiliorum gener. acta. *Antver.*, 1717, 4 vol. in 4. Les tom. 3, 4, sont reliés en 1 vol. *en peau de truie.*

1517. Parallela sive memorabilia de vita et moribus pontificum roman. cum ethnicorum principum dictis fatisque comparata. *Ambergæ*, 1610. — Benedicti clarom. carmina in papam roman. et in jesuitas. *Recusa*, 1610, in-8. *parch.*

1518. Roverii (P.) Reomaus seu historia monasterii S. Joannis reomaensis. *Parisiis*, 1637, in-4. *parch.*

1519. Roy, Histoire des cardinaux françois. *Paris*, 1785, 6 vol. in-4. *portraits, pap. vélin. cart.*

1520. Ruinart (T.), Acta martyrum sincera. *Paris.*, 1689, in-4.

1521. Ruinart. Acta martyrum, ed. Galuza. *Aug. Vindel.*, 1802. 3 vol. in-8. *dem. rel.*

1522. Suavis Polani (P. Sarpi) Historia concilii Tridentini. 1622. in-4.

1523. Sarpi (Fra Paolo), Histoire du concile de Trente, trad. par Lecourayer. *Basle*, 1738, 2 vol. in-4. *dem. rel.*

1524. Sarpi (Fra Paolo), Histoire du concile de Trente, trad. par Lecourayer. *Amst.*, 1751, 3 vol. in-4. *cart.*

1525. Saulnier (P.) de capite S. Ordinis sancti spiritus dissertatio. *Lugduni*, 1649, in-4. *parch.*

1526. Schlestrate (Emm. A.) Sac concilium Anthiochenum. *Antverpiæ*, 1681, in-4. *v. br.*

1527. Storia dell apparizione e de'miracoli di N. S. di misericordia di Savona. *Genova*, 1760, in-4. *bas.*

1528. Syndicat du pape Alexandre VII. 1669, in-12. *mar. r. fil. d. s. t.*—Intrigues de la cour de Rome;

ou l'idée du conclave de 1689. *Rome*, 1689, in-12. *cart.*

1529. Vertot (de), Histoire des chevaliers de Malte. *Paris*, 1726, 4 vol. in-4. *portraits gr. pap. v. br.*

1530. Vies des SS. pères des déserts d'orient et d'occident. *Paris*, 1722, 5 vol. in-12. *fig.*

HISTOIRE ANCIENNE ET DU BAS-EMPIRE.

1531. Acominati (Nicetæ), historia, gr. et lat., ed C. A. Goar. *Paris.*, 1647, in-folio.

1532. Acropolitæ (Georgii), historia byzantina gr. et lat., cum notis Douzæ. *Paris.*, 1651. — Ducæ historia Byzantina, gr. et lat., cum notis H. Bulliadi. *Paris*, 1659, in-fol.

1533. Agathias, De rebus gestis Justiniani imper. gr. lat., cum notis Bonav. Vulcanii. *Paris.*, 1660, in-fol. *cart.*

1534. Arriani expeditio Alexandri et historia Indica, ed. G. Raphelio. *Amstel.*, 1757, in-8. *br.*

1535. Arrien, Histoire des expéditions d'Alexandre, traduction nouvelle par P. Chaussard. *Paris*, an XI (1802), 3 vol. in-8 et atlas. *demi-rel. dos de v. rose.*

1536. Augusti temporum notatio, genus et scriptorum fragmenta, et N. Damasceni liber de institutione Augusti, cum versione H. Grotii, et H. Valesii notis, curante J. Alb. Fabricio. *Hamburgi*, 1724, in-4. *br.*

1538. Banduri Imperium orientale. *Parisiis*, 1711, 2 vol. in-fol. *v.*

1539. Berterii (Ph.), Pithanon, diatribæ duæ, quibus civilis imperii romani notitia et ecclesiæ politia illustrantur. *Tolosæ*, 1608, in-4. *mar. r. à comp. d. s. tr.*

1540. Braschi (J. B.), de vero rubicone quem Cæsar contra romanum interdictum trajecit. *Romæ*, 1733, in-4. *br.*

1541. Cæsaris (C. J.) Commentarii, ed. Fr. Oudendorpio. *Lugd. Bat.*, 1737, in-4. *vél. dor.*

1542. Cantacuzeni historiæ, gr. et lat., cum notis J. Gretseri. *Paris.*, 1645, 3 vol. in-fol. *v.*

1544. Cedreni (Georg.) Compendium historiarum, gr. et lat, cum notis Goar et Fabrotti glossarium. *Paris.*, 1647, 2 vol. in fol. *v.*

1645. Chalcocondylæ (Leonici) historiæ gr. et lat., ed. C. D. Fabrotto. *Paris.*, 1650, in fol. *v.*

1546. Chronicon paschale gr. et lat., cum notis C. Dufresne D. du Cange. *Parisiis*, 1688, in-fol. *v.*

1647. Codinus curopalata, de officiis magnæ ecclesiæ et aulæ Constantinopolitanæ, gr. et lat., ed J. Goar. *Parisis*, 1648, in-fol. *v.*

1548. Curtius (Q.), de rebus gestis Alexandri magni, cum notis variorum. *Lugd Bat.*, 1696, in-8. *br.*

1549. Curtius (Q.), de rebus gestis Alexandri magni, cum notis S. Pitisci. *Hagæ Comitum*, in-8. *vél.*

1550. Curtius (Q.), de rebus gestis Alexandri magni, ed. H. Snakenburg. *Delphis*, 1724, in-4. *vel. dor.*

1551. De Buat, Histoire ancienne des peuples de l'Europe. *Paris*, 1772, 12 vol. in-12, *dem. rel.*

1552. Delille de Sales, histoire de Grèce, 12 vol. in-8. *v.*—Delille de Sales, histoire d'Assyrie. *Paris*, 1780, 2 vol. in-8. *dem.-rel.*

1553. Eutropii breviarium historiæ romanæ cum metaphrasi græca Pæanii, cum notis variorum, ed. H. Verheyk. *Lugd. Bat.*, 1792, in-8. *br.*

1554. Florus (L. A.), Cl. Salmasius addidit L. Ampelium. *Lugd. Bat.*, *Elzev.*, 1638, in-12, *mar. r. fil. dor. sur tr.*

1555. Florus (L. A.), cum notis Salmassii et variorum. *Amstel.*, *Elzev.* 1668, in-8. *br.*

1556. Flori rerum romanarum epitome, ad usum delph. *Paris.*, 1674. in-4., *v. éc. fil.*

1557. Flori (L. A.), Epitome rerum romanarum, ex recensione Grævii, cum notis variorum. *Amst.* 1702, 2 vol. in-8, *br.*

1558. Florus (Ann.), Epitome rerum romanorum, ed. Dukero. *Lugd. Bat.*, 1722, in-8. *br.*

1559. Flori (L. A.), Epitome rerum romanarum, cum notis variorum, ed. C. A. Dukero. *Lugd. Bat.*, 1744, in-8. *br.*

1560. Fourmont, Réflexions sur l'origine, l'histoire et la succession des anciens peuples. *Paris*, 1747, 2 vol. in-4. *v. f. dent. d. sur tr.*

1561. Hendreich, Carthago. *Franc. ad O.* 1664, in-8.
1562. Herodoti historie, græce, ex recensione J. Schweighæuseri. *Londini.* 1824, 2 vol. in-8. *br.*
1563. Histoire de Polybe, par Vinc. Thuillier, avec un commentaire, par de Folard. *Paris*, 1727, 6 vol. in-4. *fig. v.*
1564. Justinus. *Paris*, 1581, in-8. — Justinus, ed. Berneccero. *Argentorati*, 1631, in-8. *parch.*
1565. Justini historiarum ex Trogo Pompeio, libri XLIV, ex recensione Is. Vossii. *Amst. L. Elzevir*, 1650, pet. in-12. *mout. fleurdelysé, tr. d.*
1566. Justinus, cum notis variorum. *Amst.*, 1669, in-8.
1567. Justinus, de historiis philippicis, ad usum. *Paris*, 1678, in-4.
1568. Justini historiarum ex Trogo Pompeio, libri XLIV, *Londini*, *Tonson*, 1729, in-12. *v. f. fil.*
1569. Lebeau, Histoire du Bas Empire. *Paris*, 1757, 24 vol. in-12. *v.*
1570. Pachymeris (G.), Historia gr. et lat. ex interpret. et cum notis Possini. *Romæ*, 1666, 2 vol. in-fol.
1571. Pollucis (Julii), Historia physica, seu chronicon, gr. lat., ed. Hardt. *Monachii*, 1792, in-8. *cart.*
1572. Procopius, gr. lat., ed. Maltreti — Nycephorus Bryennius, De rebus Byzantinis, gr. lat., ed. Possino. *Paris*, 1661, 1662, 2 vol. in-fol.
1573. Sallustius, ad usum delph. *Paris*, 1674, in-4.
1574. C. Suetonii Tranquilli opera omnia, ad usum delph. *Parisiis*, 1684, in-4. *vél.*
1575. C. Suetonius Tranquillus, ed. Burmanno. *Amstel.* 1736, 2 vol. in-4. *vél.*
1576. Suétone, Histoire des douze Césars, trad. par Ophellot de la Pause (Delille de Sales). *Paris*, 1771, 4 vol. in-8.
1577. Tailhié, Abrégé de l'histoire romaine. *Paris*, 1784, 5 vol. in-12. *bas.*
1578. Theophanis Chronographia, ed. J. Goar et Fr. Combefis. *Paris*, 1655, in-fol. *v.*
1579. Theophylacti simocattæ historiæ, ed. C. A. Fabrotto. *Parisiis*, 1647, in-fol.
1580. Thucydides, gr. lat., ed. Dukero. *Biponti*, 1788, 6 vol. in-8. *cart.*

1581. Valerius Maximus, in-fol. *v. br.*
Manuscrit sur vélin.

1582. Velleii Paterculi (C.) Historia romana, ad usum delph. *Paris*, 1675, in-4. *v. f.*

1583. Velleius Paterculus, Abrégé de l'histoire grecque et romaine, trad. du latin par l'abbé Paul. *Avignon*, 1768, in-8. — C. Velleius Paterculus, cum notis variorum, ed. Thysio. *Lugd. Bat.*, 1668, in-8.

1584. Veteris Ævi analecta, ed. Ant. Matthæo. *Lugd. Bat.* 1698, in-8. *v. f.*

1558. Victoris Aurelii, historia romana, cum animadversionibus J. F. Gruneri. *Coburgi*, 1757, in-8. *br.*

1586. Zosimi historia, gr. lat. *Oxon.* 1679, in-8. *v.*

HISTOIRE MODERNE.

France.

1587. Aubigné (Th. Agrippa d'), Aventures du baron de de Feneste. *Amst.*, 1731, 2 vol. in-12.

1588. Baluzii, Historia Tutelensis. *Paris.*, 1717, in-4. *m. r. fil. d. s. t.*

1589. Bernot de Charant, Abrégé historique du prieuré et de la ville de la Charité. *Bourges*, 1709, in-8. *br.* — Brisson, Mémoires historiques et économiques sur le Beaujolois. *Avignon*, 1770, in-8. *br.*

1590. Catherinot, Scholarum bituricarum, inscriptio — Que le parquet de Bourges est du corps de l'Université. — Tombeaux domestiques. — Le droit de Berry. — Antiquités romaines de Berry et 28 autres opuscules. in-4. *parch.*

1591. Copie des lettres que Monseig. le card. de Lorraine a envoyé à Mme. de Guyse, sur le trespas de feu son frère François de Lorraine. Ensemble quelques petis œuvres moraux, sur le temps présent. *Paris*, 1563, in-12. *cart.*

1592. Daniel (J.), Histoire de France, depuis l'établissement de la monarchie françoise dans les Gaules. *Paris*, 1755, 17 vol. in-4. *v.*

1593. Delescornay, Mémoires de la ville de Dourdan. *Paris*, 1624, in-8. *parch.*

1594. Description de la cathédrale de Strasbourg et de sa fameuse tour. *Strasbourg*, 1770, in-8. *fig.* — Mussey, La Lorraine ancienne et moderne. 1712, in-8. *v. br.*

1595. Description des fêtes données par la ville de Paris, au mariage de Mme Louise Elisabeth, en 1739. *Paris*, 1740, in-fol. *fig. color. mar. v. doublé de tabis, dent. d. s. tr.*

1596. Description des fêtes données par la ville de Paris, au mariage de Mme Louise Elisabeth, en 1739, *Paris*, 1740, in-fol. *m. r. d. s. t.*

1597. Eon (Ch^{er}. d'), Lettres, mémoires et négociations particulières. *Londres*, 1764, in-8. — Loisirs. *Amst.*, 1774, 13 vol. in-8. *v.*

1598. Garreau, Description du gouvernement de Bourgogne. *Dijon*, 1734, in-8. *bas.*

1599. Gautier, Histoire de la ville de Nismes et de ses antiquitez. *Paris*, 1720, in-8. *v. br.* — Tassin, Rapport sur les dunes du golfe de Gascogne. *Mont de Marsan*, an III, in-8. *b.*

1600. Gesta dei per francos sive oriental. expeditionum et regni francorum Hierosolimitani historia. *Hanoviæ*, 1611, 2 tom. en 1 vol. in fol. *vél.* (*piq. de vers.*)

1601. Harangue faite à l'ouverture des Etats-Généraux de 1614, par R. Myron. — *Idem*, par Simon de Marquemont. — *Idem*, par P. de Roncherolles. — *Idem*, par Richelieu. — *Idem*, par R. Miron. *Paris*, 1615. in-8. *parch.*

1602. Heros (les) de la ligue ou la procession monacale conduite par Louis XIV, pour la conversion des protestans de son royaume. in-4. *fig. br.*

1603. Histoire de la prison et de la liberté de M. le Prince. 1651. in-4.

Avec la signature de Racine.

1604. Hist. de Louis XII, depuis 1498 jusques en 1515, par de Seyssel et d'Auton. *Paris*, 1615. — Hist. de Louis XII, dès l'an 1506 jusques en 1508, par d'Auton. *Paris*, 1615. — Hist. de Louis XII, ès années 1499, 1500 et 1501, par d'Auton. *Paris*, 1620. — Hist. de Louis XII en 1502, par d'Auton. *Paris*, 1620. — Hist. de Louis XII jusques en 1510, par de Sainct Gelais. *Paris*, 1622, en tout 5 tom. en 2 vol. in-4. *v. f.*

1605. Incendium calvinisticum regis navarri legatione. 1584, in-8. *parch.* — Eclaircissement sur les causes de la révocation de l'édit de Nantes et sur l'état des protestants en France. 1788, in-8. *v.*

1606. de Justa Henrici tertii e francorum regno abdicatione. in-8. *v. f.*

1607. Ladonæi Augustodini antiquitates. *Augustodini*, 1640, in-8. *parch.*

1608. Larmessin, Représentations de tous les roys de France, depuis Pharamond jusqu'à Louis XIV. *Paris*, 1679, in-fol. *v.*

Il y a à la fin du volume 50 planches dont quelques unes gravées par Callot, etc.

1609. Lavicomterie, Crimes des rois de France, depuis Clovis jusqu'à Louis XVI. *Paris*, 1791, in-8. *dem. rel.*

1610. Lemau de la Jaisse, Carte générale de la monarchie françoise, contenant l'histoire militaire, depuis Clovis jusqu'à Louis XV. 1733, in-fol. *v. br.*

1611. Leroy, Histoire de N. D. de Boulogne. *Paris*, 1681, in-8. *v. br.*

1612. Lescun (J. P. de), Mémoires sur les oppositions aux poursuites des évêques d'Oloron et de Lescar. *Paris*, 1617, in-8. *parch.*

1613. Louvet, Histoire et antiquitez du pays de Beauvaisis. *Beauvais*, 1631, in-8. *parch.*

1614. Massoni Descriptio fluminum galliæ, qua francia est. *Parisiis*, 1518, in-8 *parch.* — De la Court, Tableau des Gaules. *Paris*, 1622, in-8. *parch.*

1615. Matthieu (P.), Histoire de France durant sept années du règne de Henry IIII. *Paris*, 1606, 2 tom. en 1 vol. in-8. *cart.*

1616. Matthieu (P.), Histoire de la mort de Henry IIII. *Paris*, 1612, in-8. *parch.*

1717. Maupeouana. 1775, 6 tom. en 4 vol. in-8. *dem. rel.*

1618. Mémoire du roy très chrétien à l'abbé de Gravel. 1573, in-12. *v. br.*

1619. Mémoires concernant les affaires de France sous la régence de Marie de Medicis. *La Haye*, 1720, 2 vol. in-8. *v. br.*

1620. Mémoires de la ligue sous Henry III et Henry IIII. 1602, 6 vol. in-8. *vél.*

1621. Mémoires de Mme. de Pompadour, 1768, 2 vol. — Mémoires authentiques de la comtesse de Barré. 1772, in-8. *v. fil.*

1622. Mémoires de Martin du Bellay Langey. *Paris*, 1571, in-8.

1623. Mémoires de Philippe de Comines, nouv. édit revue par Lenglet du Fresnoy. *Paris*, 1747, 4 vol. in-4. *gr. pap.* (*avec la dédicace*).

1624. Mémoires du duc de Lauzun. *Paris*, 1822, in-8. *broc.*

1625. Mémoires du prince Eugène de Savoie, écrits par lui-même. *Paris*, 1810, in-8. *br.* — Mémoires authentiques de la comtesse de Barré. 1772, in-8. *br.*

1625. Menestrier (Cl. Fr.). Eloge historique de la ville de Lyon. *Lyon*, 1669, in-4. *v.*

1626. Menestrier, Histoire de la ville de Lyon. *Lyon*, 1696, in fol. *v. br.*

1627. Mercure d'Estat, ou recueil de divers discours d'Estat. *Genève*, 1634, in-8. *parch.*

1628. Mezeray. Mémoires historiques et critiques sur divers points de l'histoire de France. *Amst.*, 1732, 2 vol. in-8, en un, *v. f.*

1629. Moyens d'abus de la bulle de Sixte V contre Henry de Bourbon, roy de Navarre. *Ambrun*, 1586, in-8. *v. f.* — Muldrac, le Valois royal amplifié et enrichi de plusieurs pièces curieuses. *Bonne-Fontaine*, 1662, in-8. *br.*

1630. Noblesse, ancienneté, remarques et mérites d'honneur de la troisième maison de France. *Paris*, 1587, in-8, *rel.*

1631. Orléans (Duchesse d'), Mémoires sur la Cour de Louis XIV et de la Régence. *Paris*, 1823, in-8. *br.*

1632. Peyssonnel, Situation politique de la France et

ses rapports actuels avec toutes les puissances de l'Europe. *Paris*, 1789, 2 vol. in-8. en 1, *dem. r.*

1633. Philippiques contre les bulles et autres pratiques de la faction d'Espagne. *Tours*, 1611, in-8, *parch.*

1634. Picot, Histoire des Gaulois, depuis leur origine jusqu'au commencement de la monarchie françoise. *Genève*, 1804, 3 vol. in-8, *br.*

1635. Piers, Histoire de la ville de Thérouanne et Notices historiques sur Fauquembergues et Renti. *Saint-Omer*, 1833, In-8. *br.*

1636. Plaintes et doléances des Estats de France faites au roi Charles VI par l'Université de Paris. *Paris*, 1588, in-8, *parch.*

1537. Polluche, Description de la ville et des environs d'Orléans. *Orléans*, 1736. — Dissertation sur Genabum. — Description de l'entrée des evesques d'Orléans, 1734. — Discours sur l'origine du privilége des evesques d'Orléans, 1734. — Dissertation sur l'offrande de cire, appelée les goutières, 1734, in-8. *v. br.*

1638. Précis historique de la vie de madame du Barry, 1775. — Les amours d'Anne d'Autriche, 1768, in 8, *cart.*

1639. Premier recueil contenant les choses plus mémorables advenues sous la Ligue. 1590, 6 vol. in-8. *vel.*

1640. Première et seconde Savoisienne. 1630, in-8. *v. br.*

1641. Priviléges, franchises et libertez des bourgeois et habitans de Montargis-le-Franc, in-8. *vel.*

1642. Projet d'une histoire de la ville de Paris sur un plan nouveau. *Harlem*, 1739, in-8. *v.* — Voyage pittoresque de Paris, par D... *Paris*, 1778, in-12. *br.*

1643. Prosa cleri Parisiensis ad ducem de Mena post cædem regis Henrici III. *Lutetiæ*, 1589, in-8. *pap. vel.*

Édition renouvellée.

1644. Ramsay, Histoire du vicomte de Turenne. *Paris*, 1735, 2 vol. in-4. *fig. v. f.*

1645. Regnault, abrégé de l'histoire de l'ancienne ville de Soissons. *Paris*, 1633, in-8. *parch.*

1646. Reboulet, Histoire du règne de Louis XIV. *Avignon*, 1744, 3 vol. in-4. *fig v. fil.*

1647. Relation des entrées solemnelles dans la ville de Lyon de nos rois, reines, etc., depuis Charles VI jusqu'à présent. *Lyon*, 1752, in-4. *mar. r. dent. d. s. t.*

1648. Remonstrances au roy Henry III sur les désordres et misères de ce royaume. 1588, in-8, *parch.*

1649. Remonstrances faictes au roy Loys XI sur les privileges de l'Eglise Gallicane et les plaintifs et doléances du peuple. *Paris*, 1561, in-8. *parch.*

1650. Responce des vrays catholiques françois à l'avertissement des catholiques anglois pour l'exclusion du roy de Navarre de la couronne de France. 1588, in-8, *parch.*

1651. Revelations de l'hermite solitaire sur l'estat de la France. 1617, *fig.* —Reigle et constitution des Chevaliers de l'ordre de la Magdeleine. *Paris*, 1618, in-8. *parch.*

1652. Roulliard, Le grand Aulmosnier de France. *Paris*, 1607, in-8, *v. br.*

1653. Roye (Fr. de), de missis dominicis, eorum officio et potestate. *Andegavi*, 1672, in-4. *v. br.*

1654. Saconay (Gabriel de). Discours des premiers troubles advenus à Lyon. *Lyon*, 1659, in-8. *parch.*

1655. Sainct-Julien, Meslanges historiques et recueil de diverses matières pour la pluspart paradoxalles et néantmoins vrayes. *Lyon*, 1589, in-8. *v.*

1656. Sauvagere (De la), recueil de dissertations. *Paris*, 1776, in-8. *br.*

1657. Savaron, Origines de Clairmont. *Clairmont*, 1607, in-8. *parch.*

1658. Schoepflini (J. D.) de sacris galliæ regum in orientem expeditionibus commentatio historica. *Argentorati*, 1726, in-4. *br.*

1659. Soupirs (les) de la France esclave, qui aspire après sa liberté. *Amst.*, 1690, in-4. *v.* (*Les 7 premiers mémoires.*)

1660. Trésor de l'histoire de France, réduit par tiltres et lieux communs. *Paris*, 1645, in-8. *vél.*

1661. Villeroy, Mémoires d'Estat. *Sedan*, 1622, 4 vol. in-8, *vél.*

1662. Villette, histoire de l'image miraculeuse de N. D. de Liesse. *Laon*, 1769, in-8, *bas.*
1663. Vivaldi (J. L.), Elogium de laudibus et prærogativis liliorum in stemmate regis Gallorum existentium. *Parisiis*, 1608, in-8. *parch.*
1664. Vraye et entière histoire des troubles et guerres civiles, advenues de notre temps pour le faict de la religion. *Paris*, 1578, in-8. *v. br.*
1665. Zemgano, les quatre âges de la pairie de France. *Mastricht*, 1775, 2 vol. in-8. *br.*

Allemagne. — Angleterre. — Italie et autres pays de l'Europe.

1666. Abrégé de l'histoire d'Angleterre. *La Haye*, 1695, in-12. *fig. v.* — Cize, Histoire du Whigisme et du Torisme. *La Haye*, 1718, pet. in-8. *v.*
1667. Abrégé chronologique de l'histoire d'Espagne et du Portugal. *Paris*, 1777, 2 vol. in-8. *v.*
1668. Baconi Historia regni Henrici septimi angliæ regis. *Lugd. Bat.*, 1647, in-12. *vél.*
1669. Baronii tractatus de monarchia Siciliæ. *Parisiis*, 1609, in-8. *vél.* — Défense de la monarchie de Sicile contre les entreprises de la cour de Rome. 1716, in-12. *v. br.*
1670. Barrii (G) De antiquitate et situ Calabriæ libri V, cum animadv. et notis S. Quatrimanni et Th. Aceti. *Romæ*, 1737, in-fol. *fig. br.*
1771. Bartensteinius (J. Chr.) De bello imp. Carolo V, a Mauritio saxon. elect. illato. *Argentorati*, 1710, in-4. *br.*
1672. Batei (G.) Elenchus motuum nuperorum in Anglia. *Londini*, 1676, in-12. *v. br.* — Mémoires d'Angleterre, contenant l'histoire des deux roses. *Amst.*, 1726, in-12. *v. br.*
1673. Beaumont (J. F. Albanis), Description des Alpes grecques et cottiennes. *Paris*, 1802, 2 vol. in-4. *et atlas. br.*
1674. Beeverel, Délices de la Grande Bretagne et de l'Irlande. *Leyde*, 1727, 8 vol. in-12. *fig. v.*
1675. Bentii, Roma proprio triumphans nomine. *Pari-*

siis, 1754, in-8. *v. f.* — Boispréaux (de), Histoire de Nic. Rienzi, tribun et sénateur de Rome. *Paris*, 1743, in-12. *v.*

1676. Brunner, Annales virtutis et fortunæ Boiorum. *Monachii*, 1626, 3 vol. in-8. *v. f. fil.*

1677. Buchanani (G.) Rerum scoticarum historia. *Amst.*, *Elzev.*, 1643, in-8. *vél.*

1678. Burgundi (N.) Historia belgica ab anno 1558. *Ingols.*, 1633, in-8. *vél.* — Grotii (Hug.), Annales et historiæ de rebus belgicis. *Amst.*, 1658, pet. in-12. *v. br.*

1679. Burmanni (F.) Itineris anglicani acta diurna. *Amst.*, 1828, in-8. *br.*

1680. Burnet (Gilbert), Mémoires pour servir à l'histoire de la Grande Bretagne sous Charles II et Jacques II, trad. de l'angl. *La Haye*, 1725, 3 vol. in-12. *v.* — Bolingbroke, Mémoires secrets sur les affaires d'Angleterre de 1710 à 1716. 1754, in-8.

1681. Campanella (Th.), De monarchia hispanica. *Hardervici*, 1640, in-12. *v. f.* — Hispanicæ dominationis arcana per J. L. W. *Lugd. Bat.*, 1645, in-12 *vél.*

1682. Cancellieri (Fr) De secretariis Basilicæ Vaticanæ veteris ac novæ libri. *Romæ*, 1787, 4 vol. in-4. *v.*

1683. Clarendon (Ed.), Histoire de la rebellion et des guerres civiles d'Angleterre depuis 1641, jusqu'au rétablissement de Charles II. *La Haye*, 1704, 6 vol. in-12. *v. br.*

1684. Colmenar (J. Alvarez de), Délices de l'Espagne et du Portugal. *Leide*, 1715, 4 vol. in-12. *fig. v. br.*

1665. Conaei (G.) Vita Mariæ Stuartæ Scotiæ reginæ. *Romæ*, 1624, pet. in-12. *parch.*

1686. Conduite des cours de la Grande-Bretagne et d'Espagne. *Amst.*, 1720, in-12. *v. f.* — Conduite du duc de Marlborough dans la présente guerre. *Amst.*, 1714, in-12. *v. f.*

1687. Conestaggio, dell'unione del regno di Portogallo alla corona di Castiglia. *Milano*, 1616, in-8. *parch.*—Juan (G.) et Ulloa (Ant. de), Dissertation sur le méridien de démarcation entre les domaines d'Espagne et de Portugal. *Paris*, 1776, in-12. *br.*

1688. Cronica del rey don Rodrigo con la destruycion de España y como los moros la ganaron. *Alcala de Henares*, 1587, in-fol.

1689. Daniæ, Norwegiæ ut et Slesvici et Holsatiæ descriptio nova. *Amst.*, 1655, pet. in-12. *vél.* — Molesworth, mémoires sur le Dannemarck en 1692. *Paris*, 1697, in-8. *v. br.*

1690. Délices des Pays-Bas. *Anvers*, 1786, 7 vol. in-12. *v. fil.*

1691. Délices de la Hollande. *Amst.*, 1728, 2 vol. in-12. *fig. v.* — Goris (G.), Délices de la campagne de Leide. *Leide*, 1712, in-12. *fig.*

1692. Description géographique, historique et politique de Sardaigne. *La Haye*, 1725, in-8. *v. br.*

1693. Descrizione di Roma antica e moderna, con le autorità di Marliani, Panvinio, etc. *Roma*, 1697, 2 vol. in-8. *fig. vél.* — Rossini (P.) il mercurio errante delle grandezze di Roma tanto antiche, che moderne. *Roma*, 1771, 2 tom. en 1 vol. in-12. *fig. vél.*

1694. Deseine (Fr.), Rome moderne, avec toutes ses magnificences et ses délices. *Leide*, 1713, 6 vol. in-12. *fig. v. br.*

1695. Desfontaines, histoire des révolutions de Pologne jusqu'à la mort d'Auguste II. *Amst.*, 1735, 2 vol. in-12. *br.*—Pastorii Flori Polonici seu Polonicæ historiæ epitome nova. *Lugd. Bat.*, 1642, pet. in-12. *vél.*

1696. Dictionnaire historique, politique et géographique de la Suisse. *Genève*, 1788, 3 vol. in-8. *bas.*

1697. Eccardi (J. G.), Origines familiæ Habsburgo-Austriacæ ex monumentis veteribus, scriptoribus coætaneis, diplomatibus chartisque demonstratæ. *Lipsiæ*, 1721, in-fol. *fig. br.*

1698. Erndtelii (Chr. Henr.), Warsavia physice illustrata sive de aere, aquis, locis et incolis Warsaviæ eorumdemque moribus et morbis tractatus. *Dresdæ*, 1730, in-4. *fig. br.*

1699. Etat présent de la Grande-Bretagne et de l'Irlande sous le règne de George II. *La Haye*, 1728, 3 vol. in-12. *v.*—Histoire du ministère de Robert Walpool *Amst.*, 1764, 2 vol. in-12. *v.*

1700 Eudemare (Fr. d') histoire du roy Willaume le bastard, jadis roy d'Angleterre et duc de Normandie. *Rouen*, 1626, in-8. *parch.*

1701. Fastes de la Grande-Bretagne. *Paris*, 1769, 2 vol. in-8. *v.* — Mémoires de la révolution d'Angleterre par L. B. T. *La Haye*, 1702, 2 vol. in-12. *v.*

1702. Ferri de St. Constant, Londres et les Anglais. *Paris*, an XII, 4 vol. in-8. *dem. rel.*

1703. Gothrici et Rolfi Westrogothiæ regum historia lingua antiqua gothica conscripta, cum notis Olai Verelii et J. Scheffer. *Upsaliæ*, 1664, in-8. *fig. en bois v. f.*

1704. Hazzi, Statistique de Bavière (*en allem.*). *Nuremberg*, 1801, 3 vol. in-8. *fig. dem. rel.*

1705. Histoire anecdote de la cour de Rome : la part qu'elle a eu dans l'affaire de la succession d'Espagne. *Cologne*, 1706, in-12. *v. br.* — Histoire publique et secrète de la cour de Madrid dès l'avenement de Philippe V, à la couronne. *Cologne*, 1719, in-12. *v.*

1706. Histoire de Catherine de France, reine d'Angleterre (par Baudot de Juilly). *Paris*, 1696, in-12. *v. br.* — Leti (Gr.), Vie d'Elisabeth, reine d'Angleterre. *Amst.*, 1704, 2 vol. in-12. *v. br.* — Samson (P. A.), Histoire de Guillaume III, roi d'Angleterre, etc. *La Haye*, 1703, 3 vol. in-12. *vél.*

1707. Histoire de Ferdinand Alvarez de Tolede, duc d'Albe. *Paris*, 1699, 2 vol. in-12. *v. f.* — Hall (R.), Opuscula : de tribus primariis causis tumultuum Belgicorum : contra coalitionem multarum religionum, etc. *Duaci*, 1581, in-8.

1708. Histoire de Frédéric Guillaume Ier., roi de Prusse, par de M. *Amst.*, 1741, 2 vol. in-12. *v.* — Mémoires de Maximilien Emanuel duc de Wirtemberg, par F. P. *Amst.*, 1740, in-12. *v.*

1709. Histoire de la vie de la reyne Christine de Suède, *Stocholm*, 1682, pet. in-12. *dem. rel.* (*titre racommodé.*)

1710. Histoire de l'empereur Charles VI. *Amst.*, 1742, 2 vol. in-12. *v.* — Histoire de Leopold, empereur d'occident, contenant ce qui s'est passé de plus remarquable depuis 1618 jusqu'en 1705. *La Haye*, 1739, in-12. *cart.*

1711. Histoire de Moscovie. *Amst.*, 1718, 2 vol. in-12, *v. br.* — Respublica moscoviæ et urbes. *Lugd. Bat.*, 1630, pet. in-12 *vél.*

1712. Histoire de Stanislas Ier, roi de Pologne, par D. C. (De Chevrieres). *Londres*, 1741, 2 tom. en 1 vol. in-12. *v.* — Sigismundi Augusti poloniarum regis epistolæ, legationes et responsa, ed. Menckenio. *Lips.*, 1703, in-8. *v. br.*

1713. Histoire des deux conquestes d'Espagne par les Mores, trad. de l'arabe par M. de Luna. *Paris*, 1708, in-12. *v. br.* — Relation des troubles arrivez dans la cour de Portugal, en 1667 et 1668. *Paris*, 1674, in-12. *v. br.*

1714. Histoire des différens entre le pape Paul V et la république de Venise, ès années 1605, 1606 et 1607, trad. de l'ital. en franç. 1605, in-8. *v. br.*

1715. Histoire des princes d'Orange de la maison de Nassau. *Amst.*, 1592, in-12. *vél.* — Histoire des comtes d'Hollande, et estat et gouvernement des Provicnes-Unies. *La Haye*, 1664, pet. in-12. *vél.*

1716. Histoire des révolutions de Gênes jusqu'en 1748. *Paris*, 1750, 3 vol. in-12. *v.* — Histoire de la dernière révolution de Gênes. *Genève*, 1758, 2 vol. in-12. *br.*

1717. Histoire des révolutions d'Espagne. *La Haye*, 1724, 5 vol. in-12. *v. br.*

1718. Histoire des Uscoques, de la trad. d'Amelot de la Houssaye. *Paris*, 1682, in-12. *v. br.*

1719. Histoire du despostisme de la maison d'Autriche. *Schwitz*, 1790, in-8. *v.*

1720. Histoire ou conte de Hervarar, en vieille langue gothique, avec l'explication et les notes de Olaus Verelius. *Upsalœ*, 1672, in-fol. *dem. rel.*

En vieille gothique et en suédois.

1721. Histoire politique et amoureuse du card. Portocarrero. *Amst.*, 1734, in-12. *br.*

1722. Holstenii (L.), In Italiam antiquam Ph. Cluverii annotationes. In-8. *vél.*

1723. Hordt (le comte de), Mémoires écrits par lui-même. *Liége*, 1789, 2 vol. in-12. *br.* — Neny (le comte de) Mémoires sur les Pays-Bas Autrichiens et les provinces qui les composent. *Bruxelles*, 1786, 2 tom. en 1 vol. in-12. *bas.*

1724. Hubner, Description topographique et statistique du duché et de la ville de Saltzbourg. *Saltzbourg*, 1796, 2 vol. in-8. *cart.* (*en allem.*)

1725. Hume, Histoire d'Angleterre, trad. de l'angl. par Mme B. (Belot). 1769, 18 vol. in-12. *bas.*

1726. Hume, Histoire de la maison de Stuart, trad. de l'angl. 1771, 6 vol. in-12. *v.*

1727. Italicæ historiæ scriptores ex bibliothecæ Vaticanæ, etc, manuscriptis codicibus collegit J. S. Assemanus. *Romæ*, 1751, 4 vol. in-4. *br.*

1728. Lacombe, Abrégé chronologique de l'histoire du Nord. *Paris*, 1777, 2 vol. in-8, *v.*

1729. Lettres sur le Dannemarc. *Genève*, 1757, 2 vol. in-8. *v. br. fil.*

1730. Lyseck, relatio eorum quæ circa S. C. M. ad magnum Moscorum Czarum ablegatos gesta sunt. *Salisburgi*, 1676, in-8. (*Mouillé.*)

1731. Magni (Olai) historia de gentibus septentrionalibus. *Antverpiæ*, 1558, in-8. *vél.*

1732. Mandrillon, Mémoires pour servir à l'histoire de la révolution des Provinces-Unies en 1787, in-8. *v. f. fil. tr. d.* (*Avec envoi autographe*). — Neny, Mémoires historiques et politiques des Pays-Bas Autrichiens. *Bruxelles*, 1785, 2 tomes en 1 vol. in-8, *v.*

1733. Marsolier, histoire du ministère du cardinal Ximenez. *Paris*, 1704, 2 vol. in-12. *v. br.* — Testament politique du cardinal Alberoni, traduit de l'italien. *Lausanne* (*Paris*), 1754, 2 tom. en 1 vol. in-12. *v.*

1734. Mémoires du marquis Maffei, trad. de l'italien. *La Haye*, 2 vol. petit in-8, *v. fil.* — Histoire de la révolution de Naples en 1647 et 1648. *Paris*, 1757, 4 vol. in-12. *v.*

1735. Mémoires sur la révolution de Pologne, trouvés à Berlin. *Paris*, 1806, in-8, *br.* — Mémoires sur les dernières révolutions de la Pologne. *Rotterdam*, 1710, in-8. *br.*

1756. Memorie storiche della guerra tra l'imperiale casa

di Austria e tra la reale casa di Borbone per gli stati della monarchia di Spagna. *Venezia*, 1736, in-4. *vel.*

1737. Mercure Suisse. *Genève*, 1634, in-8. *parch.*

1738. Miltonii (J.) pro populo anglicano defensio *Londini*, 1651, in-12. *vel.*—Pro rege et populo anglicano apologia. *Antv.*, 1652, in-12, *vel.*

1739. Miræi rerum Belgicarum annales. *Bruxellis*, in-8. *dem. rel.*—Histoire des révolutious des Pays-Bas, depuis 1559 jusqu'en 1584. *Paris*, 1727, 2 vol in-12, *v.*

1740. Muscia (B.), Sicilia nobilis sive nomina et cognomina comitum, baronum et feudatorium regni siciliæ anno 1292 et anno 1408. *Romæ*, 1692, in-8. *br.*

1741. O Flaherty (R), Ogygia seu rerum hibernicarum chronologia. *Londini*, 1685, in-4. *v. br*

1742. Principum et regum polonorum imagines ad vivum expressæ. *Coloniæ Agrippinæ*, 1594. — Roscii (J.) Opera misericordiæ ad corpus pertinentia cum figuris, a J. Th. et Is. De Bry in æs incisa. *Monbelgarti*, 1596, in-fol. *v. br.*

1643. Procès criminels des comtes d'Egmont, du prince de Horne, faits par le duc d'Albe. *Amst.*, 1753, 2 vol. in-8. *v.*

1744. Raynal, Histoire du parlement d'Angleterre. 1751, 2 tom. en 1 vol. in 8. *v. br.* — Walsingham, Mémoires avec les remarques de R. Nanton. *Cologne*, 1695, in-12. *v. br.*

1745. Rehamb, Notitia Hungariæ antiquo-modernæ Berneggeriana. *Argentorati*, 1576, in-8. *vél.* — Toppeltini (Laur.) Origines et occasus transsylvanorum. *Lugd.*, 1667, pet. in-12. *dem. rel.*

1746. Religion ancienne et moderne des moscovites. *Cologne*, 1698. in-8. *non rogné.*

1747. Robertson, Histoire de Charles Quint, trad. de l'angl. *Paris*, 1771, 6 vol. in-12. *v.*

1748. Roman, Mémoires historiques et inédits sur les révolutions de Danemarck et de Suède en 1770, 1771, 1772. *Paris*, 1807, in-8. *br.*

1749. Saint Marc, Abrégé chronologique de l'histoire d'Italie. *Paris*, 1761, 6 vol. in-8. *v.*

1750. Ste. Croix (le baron de). Histoire des progrès de la puissance navale de l'Angleterre *Paris*, 1786, 2 vol. in-12. *br*. — Lettres philosophiques et politiques sur l'histoire de l'Angleterre, trad. de l'angl. *Paris*, 1785, 2 vol. in-8. *v*.

1751. Saldern (de), Histoire de la vie de Pierre III, emp. de Russie. *Metz*, 1802, in-8. *br*.

1752. Salmon, Nouvel abrégé chronologique de l'histoire d'Angleterre. *Paris*, 1752, 2 vol. in-8. *v*.

1753. Scanderbegus, hoc es, Vita et res gestæ G. Castrioti Scanderbegi dicti, authore G. B. Pontano. *Hanoviæ*, 1609, in-8. *vél*.

1754. Schmauss, Tableau du gouvernement actuel de l'empire d'Allemagne ou abrégé du droit public de l'empire. *Paris*, 1755, in-12. *v*. — Vrais (les) intérêts de l'Allemagne, trad. de Hippolitus à Lapide. *La Haye*, 1762, 2 vol. in-12. *v*.

1755. Schott (Andr.) Hispaniæ illustræ seu rerum urbiumque Hispaniæ, Lusitaniæ, Æthiopiæ et Indiæ scriptores varii. *Francof.*, 1603-1608, 4 vol. in-fol. *dem. rel.*

(Les X derniers livres de *Mariana* sont à la fin du tome 3).

1756. Smolett, Histoire d'Angleterre depuis la descente de Jules Cesar, jusqu'en 1748, trad. de l'angl. par Targe. *Orléans*, 1759. 24 vol. in-12. *v*.

1757. Simonetæ Jo.) Res gestæ Franc. Sphortiæ. *Mediolani*, 1479, in-fol. *v. f.*

1758. Smith (Tho.) Epistolæ de moribus ac institutis Turcarum, de septem Asiæ ecclesiis et Constantinopoleos notitia. *Oxonii*, 1674, in-8. *v. br*. (*Exemp. de Baluze*). — Vie et avantures de Zizime fils de Mahomet II. *Paris*, 1724, in-12. *fig. br*.

1759. Spener (J. C.) Historia Germaniæ universalis et pragmatica. *Lipsiæ*, 1716, in-8. *v*. — Boecleri notitia S. R. imperii. *Argentorati*, 1681, in-8. *v. br*.

1760. Strada, Las guerras de Flandes. *Amberes*, 1701, 2 vol. in 8. *portr. bas*. — Strada, Supplement à l'histoire des guerres civiles de Flandres sous Philippe II. *Amst.*, 1729, 2 vol. in-8. *v. br*.

1761. Suffridus, de Frisiorum antiquitate et origine

Franequeræ, 1698, in-12. *vél.* — Temple, Remarque sur l'état des Provinces-Unies des Pays-Bas. *Utrecht*, 1713, in-8. *br.*

1762. Symeon (G.) Epitome de l'origine et succession de la duché de Ferrare, trad. en franç. *Paris*, 1553. — Corrozet (G.) Epitome des histoires des roys d'Espaigne et Castille, d'Aragon, de Boheme, de Hongrie, des maisons d'Absbourg et Autriche. *Paris*, 1553, in-8. *parch.*

1763. Torfæi (Thorm.) Historia rerum Norvegicarum. *Hafniæ*, 1711, 4 tom. en 2 vol. in-fol. *v. br.*

1764. Treitzauerwein (M.), Tableau des principaux évènemens de la vie et du règne de l'emp. Maximilien Ier. *Vienne*, 1799, in-fol. *fig. en bois dem. rel. dos de cuir de Russie.*

1765. Ubilla, Succession de el rey Phelippo V en la corona de Espana. *Madrid*, 1704, in-fol. *fig.*

1766. Vasconcellii Anacephalæoses id est summa capita actorum regum Lusitaniæ. *Antverpiæ*, 1621, in-4. *parch.*

Asie. — Afrique. — Amérique.

1767. Abulfedæ tabula Syriæ, ed. J. J. Reiske. *Lipsiæ*, 1786, in-4. *br.*

1768. Abul Pharajii (G.), Historia compendiosa dynastiarum, ed. Ed. Pocockio. *Oxoniæ*, 1663, in-4. *dem. rel. dos de vél.*

1769. Al-Makrizii, Narratio de expeditionibus a Græcis Francisque adversus Dimyatham ab a. 708 ad 1221 susceptis, ed. H. A. Hamaker. *Amstelodami*, 1824, in-4. *br.*

1770. Ahmedis Arabsiadæ vitæ et rerum gestarum Timuri, qui vulgo dicitur Tamerlanes historia. ed. S. H. Manger. *Leovardiæ*, 1767, 3 vol. in-4. *dem. rel.*

1771. Apollonius (L.), De Peruviæ inventione et rebus in eadem gestis. *Antv.* 1567, in-8. *br.*

1772. Bizari (P.), Rerum persicarum historia. *Francofurti.*, 1601, in-fol. *vél.*

1773. Bohaddini Sjeddadi, Vita et res gestæ Saladini,

arab. et lat., ed. Schultens. *Lugd. Bat.*, 1732, in-fol.

1774. Casas (B. de Las), Tyrannies et cruautés des Espagnols, commises ès Indes occidentales. *Rouen*, 1630, in-4. *dem. rel.*

1775. Catrou (J.), Histoire générale de l'empire du Mogol depuis sa fondation. *La Haye*, 1708, in-12.

1776. Chardin, Couronnement de Soleïmaan, 3e roi de Perse. *Paris*, 1671, in-12. — Histoire de Thamas Kouli Kan, roi de Perse. *Paris*, 1758, in-12, *bas.*

1777. Charlevoix, Histoire et description générale du Japon. *Paris*, 1736, 2 vol. in-4. *fig. grand papier, v. fil. d. s. tr.*

1778. Charlevoix (P. L. X.), Histoire de l'isle de Saint-Domingue. *Paris*, 1731, 2 vol. in-4. *fig. v. br.*

1779. Charlevoix, Histoire de Saint-Domingue. *Amst.*, 1733, 4 vol. in-12. — L'incendie du Cap, ou le règne de Toussaint-Louverture. *Paris*. an X (1802), in-12. *br.*

1780. Creuxii historia Canadensis, seu novæ Franciæ. *Paris.*, 1664, in-4.

1781. Ebn Batutœ, Descriptio terræ Malabar, arab. et lat., ed. Apetz. *Jenæ*, 1819, in-4. *br.*

1782. Garcillasso de la Vega, Histoire des Incas. *Amst.*, 1715, 2 vol. in-12.

1783. Gervaise, Description historique du royaume de Macacar. *Ratisb.*, 1700, in-8.

1784. Histoire des conquestes de Mouley Archy, connu sous le nom de roy de Tafilet, et de Mouley Ismael ou Semein, son frère (par G. Mouette). *Paris*, 1683, in-12. *v.*

1785. Lafitau, Histoire des découvertes et conquestes des Portugais dans le Nouveau-Monde. *Paris*, 1734, 4 vol. in-12. *v. f.*

1786. Lafitau, Mœurs des Sauvages américains comparées aux mœurs des premiers temps. *Paris*. 1724, 2 vol. in-4. *fig. v. br.*

1787. La Mamye Clairac, Histoire de Perse depuis le commencement de ce siècle. *Paris*, 1750, 3 vol. in-12. *v.* — Histoire des révolutions de Perse (par Ducerceau). *Paris*, 1742, 2 vol. in-12. *bas.*

1788. Laugier de Tassy, Histoire du royaume d'Alger. *Amst.*, 1725, in-12. *v.*

1789. Le Page du Pratz, Histoire de la Louisiane. *Paris*, 1758, 3 vol in-12. *parch.*

1790. Lettres et Mémoires pour servir à l'histoire du cap Breton. *Londres*, 1760, in-12. *br.* — Johnson (Ch.), Histoire des pirates anglois depuis leur établissement dans l'île de la Providence, trad. de l'angl. *Paris*, 1726, in-12.

1791. Ludolfi (J.), Historia æthiopica. *Francof.*, 1681. — Commentarius, 1691. — Relatio nova. 1693. — Appendix secunda. 1694. 2 vol. in-fol., *fig. v. f. fil.*

1792. Ludolfi (J.) Historia æthiopica. *Francof.* 1681, in-fol. *br.* — Ludolfi (J.), Appendix secunda ad historiam æthiopicam. *Francof.*, 1694, in fol. *br.*

1793. Maured Allatafet, seu rerum ægyptiacarum annales ad anno chr. 791 usque ad annum 1453. Latinè vertit notisque illustravit J. D. Carlyle. *Cantabrigiæ*, 1792, in-4.

1794. Mirchond (Moh.), Historia priorum regum Persarum, persice et latine. *Viennæ*, 1782, in-4. *br.*

1795. Mirchond, Historia Samanidarum, persice. Interpretatione latina, annotationibus et notis illustravit Fr. Wilken. *Goettingæ*, 1808, in-4. *br.*

1796. Notitia Karæorum ex Mardochæi, ed. J. Chr. Wolfio. *Hamburgi*, 1714. in-4. *v.*

1797. Nouvelles lettres édifiantes des missions de la Chine et des Indes orientales. *Paris*, 1818-1823, 8 vol. in-12, *br.* —Nouvelles des Missions orientales en 1782, 1791, 1792. *Liege*, 1797. in-12, *br.*

1798. Ockley (Sim.), Histoire des Sarrasins. *Paris*. 1748, 2 vol. in-12, *cart.*

1799. Reiske (J. J.) de principibus muhammedanis qui aut ab eruditione aut ab amore litterarum claruerunt. *Lips.*, 1747, in-4. *br.*

1800. Relation de ce qui s'est passé dans le royaume de Maroc depuis 1727 jusqu'en 1737 (par de Mairault). *Paris*, 1742, in-12. —Relation de la captivité du S. Mouette dans les royaumes de Fez et de Maroc. *Paris*, 1683, in-12.

5801. Sainctyon, Histoire du grand Tamerlan. *Lyon*,

1691, in-12 — Histoire de Tamerlan, empereur des Mogols et conquérant de l'Asie. *Paris*, 1739, 2 vol. in-12.

1802. S. Olon (de), Relation de l'empire de Maroc. *Paris*, 1695, in-12, *fig.*

1803. Schultens (Alb.), Historia imperii Joctanidarum ex Abulfeda, etc. *Harderovici*, 1786, in-4. *br.*

1804. Souchu de Rennefort, histoire des Indes orientales. *Leyde*, 1688, in-12. *d. r.* — Histoire de la dernière révolution des Indes orientales, par L. L. M. (Le Mascrier). *Paris*, 1757, 2 vol. en 1.

1805. Sur la situation de la Perse (en persan). *Paris*, 1816, in 4. *br.*

1806. Tableau historique de l'Inde, contenant un abrégé de la mythologie et des mœurs indiennes. *Bouillon*, 1771, in-12. — Relation de la Grande Tartarie dressée sur les mémoires originaux des Suédois prisonniers en Sibérie pendant la guerre de la Suède avec la Russie. *Amst.*, 1737, in-12.

1807. Umbreit (Fr. G. C.) Commentatio exhibens historiam Emirorum al Omrah ex Abulfeda. *Gottingæ*, 1816, in-4. *cart.*

1008. Vojeu de Brunem, Histoire de la conquête de la Chine par les Tartares mancheoux. *Lyon*, 1754, 2 vol in-12. *br.*

1009. Zarate (Aug. de), Histoire de la découverte et de la conquête du Pérou, trad. de l'espagnol *Paris*, 1742, 2 vol in-12.—Solis, histoire de la conquête du Mexique ou de la Nouvelle Espagne, par Fernand Cortez, trad. de l'espagnol, 2 vol. in-12.

Les 4 volumes uniformes.

Histoire héraldique et généalogique.

1810. Armorial de souverains et seigneurs d'Allemagne. in-fol. *fig. color.*

Manuscrit sur papier.

1811. Bauderon de Senecey, La guyvre mystérieuse ou l'explication des armes de la famille Colbert. *Mascon*, 1680, in-8. *v. br.*

1812. Beaudeau (J.), Armorial des états du Languedoc. in-4. *fig. color. mar. v. tr. d.*

1813. Chevillard fils (J.), Dictionnaire héraldique contenant les armes et blazons des princes prélats, etc. *Paris*, 1723, in-12. *fig. v. br.* — Dictionnaire héraldique, par G. D. L. T. (Gastelier de la Tour). *Paris*, 1774, in-8. *v.*

1814. Caumartin (de), Procez verbal de la recherche de la noblesse de Champagne, avec les armes et blazons de chaque famille. *Chaalons*, 1673, in-8. *v. br.*

1815. Caumartin (de), Recherche de la noblesse de Champagne. *Chaalons*, 1673, gr. in-fol. *v.*

1816. Douglas, Peerage of Scotland revised by Wood. *Edinburgh*, 1813, 2 vol. in fol. *cart.* — Baronage of Scotland. *Edinburgh*, 1798, in-fol. tome 1er. *cart.*

1817. Flacchio, Généalogie de la maison de La Tour. *Bruxelles*, 1709, 3 vol. in-fol. *v.*

1718. Généalogie des comtes et ducs de Bar jusqu'en l'an 1608. *Paris*, 1627, in-4. *v.*

1819. Histoire des ordres militaires ou des chevaliers des milices séculières et régulières de l'un et de l'autre sèxe. *Amst.*, 1721, 4 vol. in-8. *fig. br.*

1820. La Roque (G. H. de), Traité de la noblesse. *Rouen*, 1710, in-4. *v. f.*

Avec une table manuscrite.

1821. Lettres sur l'origine de la noblesse françoise. *Lyon*, 1763, in-8. *v.* — Liste de noblesse, chevalerie et autres marques d'honneur depuis 1659, jusqu'à 1762. *Bruxelles*, 1771, in-12. *br.*

1822. Menestrier, Nouvelle méthode raisonnée du blason. *Lyon*, 1750, in-12. *fig. bas.*

1823. Morin, Les armes et blasons des chevaliers de l'ordre du Saint-Esprit. *Paris*, in-4. *v. br.*

1824. Les Principes du blazon où l'on explique toutes les règles et tous les termes de cette siance. *Paris*, 1715, in-4. *v. br.*

Avec des additions manuscrites.

1825. Salazar (Ambr. de), Libro de armas de los mayores señores de la España. *Paris*, 1642, in-4. *fig. color. parch.*

1826. Schurzfleischii Historia ensiferorum ordinis teutonici Livonorum. *Vitembergæ*, 1701, in-8. *v.*

1827. Texeræ (J.) Explicatio arboris Gentilitiæ Henrici IIII. *Lugd. Bat.*, 1692, *fig.* — Fayus (A.) de vita et obitu Theod. Bezæ. *Genevæ*, 1606. — Epidecia scripta in obitum Theod. Bezæ. *Genevæ*, 1606. — Heinsii laudatio Jani Douzæ. *Lugd. Bat.*, 1605. — Justi Lipsii de bibliothecis syntagma. *Antv.*, 1602. — Elogium Franc. Hotommanni jurisconsulti. *Francof.*, 1595, in-4. *parch.*

Exemplaire de Baluze.

1828. Le Trophée d'armes héraldiques ou la science du du blason. *Paris*, 1650, *fig.* — La victime d'estat ou la mort de Plautius Silvanus, par D. P. (de Prade) *Paris*, 1649. — Annibal, tragi-comédie, par le même. *Paris*, 1649. — Œuvres poétiques du même. *Paris*, 1650, in-4. *parch.*

Antiquités.

1829. Addison (Jos.), Dialogues upon the usefulness of ancient medals. *Glasgow*, 1751, in-8. *fig. v.*

1830. Antiquités dans la collection du roi de Prusse à Sans-Souci. *Berlin*, 1769, *Danzig*, 1772, in-fol. *fig. cart.*

1831. Bakhoven (G.) de Concilio amphictyonum delphico. *Amstel.*, 1825, in-8. *br.*

1832. Balduinus, Calceus antiquus et mysticus et J. Nigronus de caliga veterum, ed. J. Fr. Nilant. *Lugd. Bat.*, 1721, in-8. *fig. v. br.*

1833. Bartholinus, (Th.) de armillis veterum. *Amst.*, 1676, *fig.*—Ejusdem antiquitatum veteris puerperii synopsis. *Amst.*, 1676, *fig.* — Ejusdem de inauribus veterum syntagma. *Amst.*, 1676, *fig.* in-12. *v. br.* —Bartholinus (C.) de tibiis veterum et earum antiquo usu. *Romæ*, 1677, in-8. *fig. v. br.*

1833 *bis.* Bartholinus, (Th.) de unicornu observationes novæ, ed. C. Bartholino. *Amst.*, 1678, in-12. *fig. vel.*

1834. Baxter (W.) Glossarium antiquitatum Britannicarum. *Londini*, 1733, in-8, *mar. v. fil. tr. d.*

18

1835. **Bellorii (J. P.) Adnotationes in XII priorum Cæsarum numismata.** *Romæ*, 1750, in-fol. *fig. br.*

1836. **Bonanni (J.) et Columna, Syracusæ antiquitates illustratæ cum animadv. S. Havercampi.** *Lugd. Bat.* in-fol. *fig. broc.*

1837. **Bos (Lamb.), Antiquitatum græcarum præcipue atticarum descriptio.** *Lips*, 1767, in-8. *bas.* — **P. Burmannus, Jupiter fulgerator.** *Traject. Bat.*, 1700, in-4.

1838. **Boxhornii (M. Z.) de trapezitis dissertatio.** *Lugd. Bat.*, 1640. — Maresii (S.), Disseratio de trapezitis, cum notis Th. J. F. Graswinckelii. *Lugd. Bat.*, 1641, in-8. *vel.*

1839. **Brenner (El.), Thesaurus nummorum sueo-gothicorum.** *Holmiæ*, 1741, in-4. *fig. br.*

1840. **Bulengerus, de pictura plastice statuaria.** *Lugd.*, 1627. — *Id.* de Conviviis. *Lugd.*, 1627, in-8. *v. b.*

1841. **Caryophili (Bl.) de antiquis marmoribus opusculum cui accedunt Pasc. Caryophili dissertationes de Thermis Herculanis et Thermarum usu.** *Traj. ad Rhen.*, 1743, in-4. *br.*

1842. **Catalogue des antiquités du cabinet de S. Germain des Prés,** in-4. — Catalogue des types ou sceaux de S. Germain des Prés, in-4. — Un cahier contenant des figures gravées de statues et autres antiquités, avec des explications manuscrites qui paraissent être de la main de B. de Montfaucon, in-fol.

Provenant de S. Germain des Prés.

1843. **Ciacconius, de Triclinio sive de modo convivandi.** *Lips.*, 1758, in-12. *c.* — Muret, Traité des festins. *Paris*, 1682, in-12. *v. br.*

1844. **Correvon (de), Lettres sur la découverte d'Herculane.** *Yverdon*, 1770, 2 vol. in-8. *br.*

1845. **Corsini (Ed.) de Minissari aliorumque Armeniæ regum nummis et Arsacidarum epocha dissertatio.** *Liburni*, 1754, in-4. *cart.*

1486. **Danetii Dictionnarium antiquitatum romanarum et græcarum, ad usum delph.** *Lutet. Paris*, 1698, in-4. *mar. r. d. s. tr.*

1847. **Description des pierres gravées du cabinet du duc**

d'Orléans, par Leblond et de la Chau. *Paris*, 1780, 2 vol. gr. in-fol. *fig. cart.*

1848. Dissertatio glyptographica, sive gemmæ duæ vetustissimæ emblematibus et græco artificis nomine insignitæ ex museo Victorio explicatæ et illustratæ. *Romæ*, 1759, in-4. *br.*

1849. Dissertation sur un monument antique découvert à Lyon sur la montagne de Fourviere en décembre 1704. *Lyon*, 1705, in-12, *fig. br.*—Explication historique et littérale d'une inscription ancienne conservée à Nantes. *Nantes*, 1723, in-8. *v. f.*

1850. Donii (J. B.) Inscriptiones antiquæ, notis illustratæ et indicibus auctæ ab. Ant. Fr. Gorio. *Florentiæ*, 1731, in-fol, *fig. br.*

1851. Eccardus, de numis quibusdam explicatu difficilioribus. *Lips.*, 1722, in-4. *br.*

1852. Fontana, rouleau de papyrus, expliqué par Hammer. *Vienne*, 1822, in-fol. *br.*

1853. Fraehn (C. A.), Numi cufici ex variis musæis selecti. *Petrop.*, 1823. in-4. *br.*

1854. Fraehn (C. A.), de numorun Bulgharicorum forte antiquissimo libri II. *Casani*, 1816, in-4. *br.*

1855. Fraehn, de titulorum et cognominum honorificorum quibus Chani hordae aureae usi sunt, origine, natura atque usu. *Casani*, 1814, in-4. *v.*

1856. Grignon (de), Bulletins des fouilles d'une ville romaine sur la montagne de Chatelet. *Paris*, 1775, in-8. *fig. parch.* — Sauvagere (de la), Recherches sur la nature et l'étendue d'un ancien ouvrage des romains appellé briquetage de Marsal. *Paris*, 1740, in-8. *br.*

1857. Gronovius (J. Fr.) De sesterciis. *Amst.*, *Elzev*, 1656, in 8. *vél.*

1858. Hagemann, Monumenti Persepolitani a Ferdusio illustratio. *Gottin.*, 1801, in-4. *br.*

1859. Hager (J.), Description des médailles chinoises du cabinet imper. de France, précédée d'un essai de numismatique chinoise. *Paris*, an XIII (1805), in-fol. *fig. pap. vél. dem. rel. dos de m. v.*

1860. Hallenberg, Quatuor monumenta ænea e terra in suecia eruta. *Stockholmiæ*, 1802, in-4. *fig. broc.*

1861. Junius, de pictura veterum. *Roterodami*, 1694, in-fol. *vél.*

1862. Khell, Ad numismata imperatorum romanorum a Vaillantio edita, supplementum. *Vindobonæ*, 1767, in-4. *cart.*

1863. Kell, Adpendicula altera ad numismata græca populorum et urbium a J. Gesnero repræsentata. *Vindob.*, 1764, in-4. *br.*

1864. Kirchmann (Joh.), Gorlæus (Geor.), Kornmannus (Henr.) de annullis. *Lugd. Bat.*, 1672. — Kirchmann (Joh.), in funera Pauli Merulæ oratio. *Lugd. Bat.*, 1672, in-12. *v. br.*

1865. Paschalii (C.) Coronæ. *Lugd. Bat.*, 1681, in-8. *v. br.*

1866. Koch (L. Fr. Th.) Responsio ad questionem : historiarum monumenta, ab a° 395 ad annum 571, etc. *Gandavi*, 1824, in-4. *br.*

1867. Lalamantius (J.) Exterarum et præcipuarum gentium anniratio et cum romano collatio. 1571, in-8. *parch.* — Hippolyti à Collibvs incrementa vrbivm siue de cavssis magnitvdinis vrbivm. *Hanoviæ*, 1600, in-8. *dem. rel.*

1868. Le Pois, Discours sur les médailles et gravures antiques. *Paris*, 1579, *fig.* — Lacarry, Historia romana a J. Cæsare ad Constantinum magnum per numismata et marmora antiqua testata. *Claromonti*, 1671. — Thesaurus numismatum antiquorum ab P. Mauroceno. *Venetiis*, in-4. *vél.*

1869. Lingen (U. a), De origine et inventoribus pecuniæ et numismatum. *Jenæ*, 1715, in-4. *c.*

1870. Magius (H.), De tintinnabulis, cum notis Sweertii. *Hanoviæ*. 1608, in-8. *parch.*

Exemplaire de Baluze.

1871. Mariette (P. J.), Traité des pierres gravées. *Paris*, 2 vol. in-fol. *fig. mar. v. dent. d. s. t.*

1872. Menestrier, des décorations funèbres. *Paris*, 1684, *fig. v. br.*

1873. Montfaucon, Antiquité expliquée. *Paris*, 1719, 10 vol. in-fol. — Supplément. 1724, 5 vol. in-fol. *v. b.*

Des mouillures et quelques planches ajoutées.

1874. Montfaucon, Antiquité expliquée. *Paris*, 1722, 10 vol. in-fol. *fig. v. br. gr. pap.*

1875. Montfaucon (B. de), Diarium Italicum. *Parisiis*, 1702, in-4. *v. br.*

1876. Morellius (Andr.), Specimen universæ rei nummariæ antiquæ. *Parisiis*, 1683, *fig.* — Fauvel, Discours abrégé touchant les momies. *Paris*, 1720, in-8. *v. br.*

1877. Museum Meadianum. *Londini*, in-8. *br.* — Borchmann (J. Fr.) Numophylacium Mansbergianum. *Cellis*, 1763, in-8. *v.*

1878. Neumann (J.), Populorum et Regum numi veteres inediti. *Vindobonæ*, 1779-1784, 2 vol. in-4. en 1. *fig. dem. rel. dos de m. r.*

1879. Ogle (G.), Gemmæ antiquæ cælatæ or a collection of gems. *London*, 1741, in-4. *fig. v.*

1880. Pagi (A.) Dissertatio hypatica seu de consulibus cæsareis. *Ludg.*, 1682, in-4. — Lipsii (J.) admiranda. *Antv.*, 1630, in-4.

1881. Panciroli nova reperta seu rerum memorabilium recens inventarum et veteris plane incognitarum, ed. H. Salmuth. *Ambergæ*, 1602, in-8. *parch.*

1882. Pancirolli (Ott.), Tesori nascosti di Roma. *Roma*, 1625, in-8, *v. f.* — Roma Antica e moderna. *Roma*, 1660, in-8. *fig. en bois. v. f.*

1883. Pellerin, Recueil de médailles. —Leblond, observations sur quelques médailles du cabinet de M. Pellerin. *Paris*, 1762-1823, 11 vol. in-4. *broc.*

1884. Petau (P.), explication de plusieurs antiquités. *Amst.*, 1757, in-4. *fig. dem. rel.*

1885. Petrettini (G.), Papiri Greco-Egizj, ed altri greci monimenti. *Vienna*, 1826, in-4. *br.*

1886. L. Pignorii mensa Isiaca et Tomasini manus ænea. *Amstel.*, 1669, in-4. *fig. dem. rel.*

1887. Quenstedt (J. A.). Sepultura veterum sive tractatus de antiquis ritibus sepulchralibus græcorum, romanorum, judæorum et christianorum. *Wittebergæ*, 1660, in-8. *v. br.* — Kirchmanus, de funeribus Romanorum. *Hamburgi*, 1605, in-8. *parch.*

1888. Rancftius, de masticatione mortuorum in tumulis. *Lipsiæ*, 1728, in-8. *c.*

1889. Rau (J. E.), monumenta vetustatis germanicæ. *Arnhemiœ*, 1753, in-8. *dem. rel.* — Monumenta Paderbonensia ex historia romana, francica, saxonica eruta. *Paderbornæ*, 1669, in-4. *vél. d. s. t.*

1890. Réponse à l'histoire des oracles de Fontenelle. *Strasbourg*, 1709, 2 vol. in-8. *v. br.* — Crasset (le P.), Dissertation sur les oracles des sybilles. *Paris*, 1684, in-12. *v. br.*

1891. Des representations en musique anciennes et modernes (par le père Menestrier). *Paris*, 1681, in-12. *v. br.*

1892. Ritratto di Roma antica. *Roma*, 1633, in-8. *fig. parch.* — Ritratto di Roma moderna. *Roma*, 1652, in-8. *fig. vél.*

1893. Salmasii (Cl.) Epistola de Cæsarie virorum et mulierum coma. *Lugd. Bat., Elzev.*, 1644. — J. Polyandri a Kerckhoven de comæ et vestium usu et abusu. *Ludg. Bat., Elzev.*, 1644, in-8. *v. br.*

1894. Schedius, de Diis Germanis cum notis Jarkii, Fabricii et Keysleri. *Halæ*, 1728, in-8. *vél.*

1895. Schefferi (J.) de antiquorum torquibus syntagma. *Holmiæ*, 1656. — Figrelius, de statuis illustrium romanorum. *Holmiæ*, 1656, in-8. *v. br.* — Vignier, Le chasteau de Richelieu ou l'histoire des dieux et des héros de l'antiquité avec des réflexions morales. *Saumur*, 1676, in-8. *v. br.*

1896. Schmidt (Fr. S.), Opuscula quibus res antiquæ præcipue Ægiptiacæ explanantur. *Carolsruhæ*, 1765, in-8. *br.*

1897. Souterii (D.) Palamedes sive de tabula lusoria, Alea et variis ludis. *Ludg. Bat., Elzev.*, 1622, in-8. *vél.* — Rainssant, Dissertation sur douze médailles des jeux séculaires de Domitien. *Versailles*, 1764, in-4.

1898. Suschky (J. S.), de Mumiis Ægyptiacis. *Lipsiæ*, 1694, in-4. *fig.*

1899. Vaillant (J.), Numismata imperatorum romanorum præstantiora. *Lutetiæ Parisiorum*, 1692, 2 vol. in-4. *rel.* en 1 *v. br.*

Avec des prix de médailles, l'indication des cabinets et beaucoup de notes et figures additionnelles. Cet exemplaire a appartenu à l'Abbaye St.-Germain des Prés et on y trouve joint un cabier de notes manuscrites.

1900. Vaillant (J.), Numismata imperatorum romanorum præstantiora. *Romæ*, 1743, 3 vol. in-4. *v.* — J. Khell, ad Numismata imperatorum romanorum a Vaillantio edita, supplementum. *Vindoboæn*, 1767, in-4. *v.*

1901. Vaillant (J.), Numismata imperatorum romanorum præstantiora. *Romæ*, 1743, 3 vol. in-4. *v. f.*

1902. Vailllant, selectiora numismata e museo F. De Camps. *Paris*, 1694, in-4. *fig. broch.*

1903. Wagner (J. G.), Arboreti sacri perfectioris specimen sistens laurum ex omni antiquitate erutam. *Helmstadii*, 1732, in-8. *dem. rel.*

1904. Winckelmann, Lettres familières. *Paris*, 1781, 2 vol. in-8. *v.* — Recueil de différentes pièces sur les arts. 1786, in-8. *v.* — Recueil sur les découvertes faites à Herculanum. 1784, in-8. *v.* — Remarques sur l'architecture des anciens. in-8. *bas.*

Histoire littéraire et Bibliographie.

1905. Acta litteraria societatis Rheno-Trajectinæ. *Lugd. Bat.*, 1793-1803, 4 vol. in-8. *br.*

1906. Agenda des auteurs, ou calpin littéraire à l'usage de ceux qui veulent faire des livres. 1755, in-12. *v.* — Bibliothèque des auteurs. *Paris*, 1697, in-12. *v. br.*

1907. Allatii (L.) Apes urbanæ imperialis museum hisricum cum præfatione J. A. Fabricii. *Hamburgi*, 1711, in-8. *v.* — Wolfii (Christ.) Horæ subsecivæ Marburgenses, anni 1730. *Francof.*, 1731, in-8. *br.*

1908. Almeloveen (Th. J. ab), Syllabus plagiorum, accedit H. Sypesteinii de plagiaris epistola. *Amst.*, 1694, in-8. *v. br.* — Deckherri (J.) De scriptis adespotis, pseudepigraphis et supposititiis conjecturæ. *Amstel.*, 1686, in-12.

1909. Amusemens littéraires, par De la Barre de Beaumarchais. *La Haye*, 1740, 3 vol. in-8. *v.*—Anecdotes littéraires. *Paris*, 1752, 3 vol. in-8. *v.*

1910. Anelecta Transalpina. *Venetiis*, 1762, 2 vol. in-8. *v.*

1911. Arndii (C.) Systema literarium. *Lipsiæ*, 1714, in-4. *v. f.*

1912. Arpe (P. Fr.), Theatrum fati, sive notitia scriptorum de Providentia, Fortuna et Fato. *Roterodami*, 1712, in-8. *v. f. fil.*

1913. Blandinii (A. M.) Collectio veterum aliquot monumentorum ad historiam præcipue litterariam pertinentium *Arreti*, 1752, in-8. *br.* — Blandinii (A. M.) Specimen litteraturæ florentinæ sæculi XV. *Florentiæ*, 1747, 2 tom. en 1 vol. in-8. *bas.*

1914. Bartholinus (Th.), De libris legendis dissertationes cum mantissa poetica. *Hafniæ*, 1676. — Ejudem Orationes varii argumenti. *Hafniæ*, in-8. *v. br.*

1915. Bartholinus (Alb.), De scriptis Danorum, ed. Th. Bartholino. *Hafniæ*, 1676. (*interfolié et notes manusc.*) — Catalogus operum Th. Bartholini, hactenus editorum, aº 1661. *Hafniæ*, in-8. *v. br.* — Bartholinus (Th.), De Olgero Dano qui Caroli magni tempore floruit dissertatio historica. *Hafniæ*, 1677, in-8. *br.*

1916. Batz (A. J.), Description de l'académie Caroline de Stouttgard, trad. de l'all. *Stouttgard*, 1784, in-8. *v.*

1917. Bergerus (J. E.), De libris rarioribus, horumque notis diagnosticis. *Berolini*, 1729. — Spoerlii (J. C.) Introductio in notitiam insignium typographiorum. *Norimbergæ*, 1730, in-4. *cart.*

1918. Beughem (Corn. a), la France savante, id est Gallia erudita, critica et experimentalis novissima. *Amst.*, 1683, in-12. *v. br.* — Eloges de quelques auteurs françois. *Dijon*, 1742, in-8. *bas.*

1919. Boxhornius (M. Z.), De typographicæ artis inventione et inventoribus. *Lugd. Bat.*, 1640, in-4. *parch.*

1920. Bibliographia historico - politico. — philologica curiosa cui præfixa de studio politico bene instituendo dissertatio. *Germanopoli*, 1677, in-8. *v. br.*

1921. Bibliotheca acroamatica et comprehendens recensionem specialem omnium codicum manusc. Bibliothecæ Cæsaræ Vindobensis, a Lambecio et Nesselio congesta, ed. J. Fr. Reimmanno. *Hano-*

veræ, 1712, in-8. *v. br.* — Conspectus historiæ Universitatis Viennensis ab a° 1465 usque ad annum 1565. *Viennæ*, 1724, in-8. *cart.*

1922. Bibliotheca Lubecensis. *Lubecæ*, 1725-1732, 12 vol. in-8. — Nova bibliotheca Lubecensis. *Lubecæ*, 1752, 2 vol. in-8. *Les 14 vol. cart. en 4.*

1923. Bibliotheca septentrionalis eruditi, sive syntagma tractuum de scriptoribus illius. *Lipsiæ*, 1699, in-8. *v. br.*

1924. Bibliothèque de écrivains de l'ordre de S. Benoit. *Bouillon*, 1777, 4 vol. in-4. *cart.*

1925. Bibliothèque italique, ou histoire littéraire de l'Italie. *Genève*, 1728. 9 vol. in-8. *v.*

1926. Boecleri (J. H.), Bibliographia critica, ed. J. Gottl. Krause. *Lips.*, 1715, in-8. *v. f.* — Boecleri (J. H.), De scriptoribus græcis et latinis, ab Homero ad initium sæculi XVI, commentatio. *Ultrajecti*, 1700, in-8. *v. f.*

1927. Boscha (P. P.), De origine et statu bibliothecæ Ambrosianæ. *Mediolani*, 1672, in-4. *cart.*

1928. Carpentier (D. D.), Alphabetum Tironianum. *Lut. Parisiis*, 1747, in-fol. *mar. v. fil. d. s. t.*

1929. Casiri (M.), Bibliotheca arabico-hispana Escurialensis. *Matriti*, 1760, in-fol., tom. 1. *mar. r. dent. d. s. t.* (*Aux armes d'Espagne.*)

1930. Catologus græcorum codicum bibliothecæ reip. Augustanæ Vindelicæ. *Aug. Vindel.*, 1595, in-4, *v. f.*

1931. Catalogus romanarum editionum sæculi XV. *Romæ*, 1783, in-4. *v.*

1932. Catologus librorum bibliothecæ N. Bachelier. *Parisiis*, 1725, in-4. *v.* — Bibliotheca Baluziana. *Parisiis*, 1719, in-12. *v. br.*

1933. Catalogus rarissimorum et præstantissimorum librorum qui in thesauris romano, græco, italico e siculo continentur. *Leidæ*, 1725, in-8. *vel. non rog.* (*Notes manuscr.*)

1934. Cattenburgh (Adr. a), Bibliotheca scriptorum remonstrantium. *Amst*, 1728, in-8. *br.*

1935. Cave (G.), Chartophylax ecclesiasticus. *Lips.* 1687, in-8. *v. f.* — Coci (R.) Censura quorundam scriptorum quæ sub nominibus sanctorum et veterum auctorum citari solent. *Helmestadii*, 1655, in-8. *mout.*

1936. Celsii (O.), Bibliothecæ regiæ Stockholmensis historia. *Holmiæ*, 1751, 8. *v.*

1937. Critique désintéressée des Journaux littéraires et des ouvrages des savans. *La Haye*, 1730, 3 vol. in-8. *v.*—Brusen de la Martinière, Nouveau portefeuille historique et littéraire. *Amst.*, 1755, in-8. *v.*

1938. D'Alembert, Eloges lus dans les séances publiques de l'Académie françoise. *Paris*, 1779, 6 v. in-12. *v.*

1939. Decretum S. Congreg. ad indicem librorum eorumque prohibitionem, expurgationem, etc., et appendix. *Romæ*, 1709-1718, 2 vol. in-8. *v. et br.*

1940. Desselii (V. A), Bibliotheca Belgica. *Lovanii*, 1643, in-4. *v. f.* — Andræ (Val.) Bibliotheca Belgica. *Lovanii*, 1623, in-8. *parch.*

1941. Dictionnaire historique des auteurs ecclésiastiques. *Lyon*, 1767, 4 vol. pet. in-8. *br.*

1942. Dibdin (T. J.), Introduction to the Knowledge of rare and valuable editions of the greek and roman classics. *Glocester*, 1802, in-8. *cart.*

1943. Dissertation sur les bibliothèques et table alphabétique des dictionnaires. *Paris*, 1758, in-8. *v.*— Lomeier, De Bibliothecis. *Ultrajecti*, 1680, in-8. *vél.*

1944. Donnolæ (Thad.), De Patria Sex. Aurelii Propertii, ed. H. L. Schurzfleischio. *Vitembergæ*, 1713.— Lilienthalii de historia litteraria certæ cujusdam gentis scribenda consultatio. *Lips.*, 1710.—H. Pippingii arcana bibliothecæ Thomanæ Lipsiensis sacra. *Lips.*, 1703, in-8. *v. br.*

1945. Elingii (L. J.), Historia græcæ linguæ cum præfatione A. Rechenbergii. *Lipsiæ*, 1691, in-8. *vél.* — Lizelii (M. G.), Historia poetarum græcorum Germaniæ a renatis litteris. *Francof.*, 1730, in-8. *br.*

1946. Europe (L') savante. *La Haye*, 1718, 12 vol. in-8. *v. br.*

1947. Exercitationes societatis Ienensis publicatæ à Fr. A. Hallbauero. *Lipsiæ*, 1731, 2 tom. en un vol. in-8. *v.*—Acta societatis Ienensis edita ab J. E. J.

Walchio. *Ienæ*, 1752-1756, 5 tom. en 3 vol. in-8. *v. et broc.*

1948. Excerptum totius Italicæ nec non Helvetiæ literaturæ pro anno 1758. *Bernæ*, 2 vol. in-8, *br.*

1949. Fabricii (Jo. Alb.) Bibliographia antiquaria, ed. P. Schaffshausen. *Hamburgi*, 1760, in-4. *v. f.*

1950. Fabricii (J. Alb.), Bibliotheca græca edit. quarta, curante G. Chr. Harles. *Hamburgi*, 1790, in-4 tomes 1 à 12. *pap. fin.*

Les tomes 10 et 11 sont en papier ordinaire.

1951. Fabricii Bibliotheca latina, cur. Ernesti. *Lips.*, 1773, 3 vol. in-8. *d. r.*

1952. Fabricii (J. Alb.), Memoriæ Hamburgenses. *Hamburgi*, 1710, 2 vol. in-8. *v.*

1953. Falsteri (Chr.) Quæstiones romanæ sive idea historiæ litterariæ romanorum. *Lips.*, 1718. — Ejusdem memoriæ obscuræ, cum indice. *Hamburgi*, 1722, in-8. *v f.*

1954. Feustelii Schediasma de eruditorum germanorum vitis contra iniquas censuras. *Lipsiæ*, 1707, in-8. *dem. rel.*

1955. Freytag, Adparatus litterarius. *Lipsiæ*, 1752-1755, 3 vol. in-8. *vél.*

1956. Fritschii (A.) Tractatus de typographis, bibliopolis, chartariis et bibliopegis. *Jenæ*, 1675, in-4. *v. br.*

1957. Giornale de'letterati. *Pisa*, 1771-1778, 12 vol. in-8. *dem. rel.*

1958. Groningii (J.) Bibliotheca universalis. *Hamburgi*, 1701, in-8.

Avec une note autographe de M. A. A. Barbier.

1959. Gundlingii (N. H.) Observationes selectæ ad rem litterariam. *Halæ*, 1737, 3 tom. en 1 vol. in-8. *br.* — Grævii (J. G.) Cohors musarum sive historia rei literariæ nec non historia bibliothecalis. *Traj. ad R.*, 1715, in-8. *v.*

1960. Hederiche, Notitia auctorum antiqua et media. *Wittemb.*, 1714, in-8. *vél.*

1961. Histoire de l'Académie françoise, depuis son établissement jusqu'à 1652, par Pelisson. — depuis 1652 jusqu'à 1700, par d'Olivet. *Paris*, 1729, 2 tom. en 1 vol. in-4. *v. f.* — Historia academiæ regiæ scientiarum Parisiensis in lat. versa a J. F. C. cum observationibus. *Lips.*, 1715, in-8. *v.*

1962. Historici chronologi et geographi celebres stud. et cura M. Zeilleri. *Ulmæ*, 1652, in-8. *v. br.*

1962. *bis.* Index codicum manuscriptorum græcorum bibliothecarum Mosquensium synodi ecclesiæ græco Rossicæ, ed. Chr. Fr. Matthaei. *Petropoli*, 1780, in-4. *br.*

1963. Jugement de l'académie de Berlin, sur une lettre prétendue de Leibnitz. *Berlin*, 1752. — Lettres concernant le jugement de l'académie. *Berlin*, 1752, in-8. *br.* — Crenii (Th.) De furibus librariis dissertatio. *Lugd. Bat.*, 1708, in-8. *br.*

1664. Index quorundam librorum sæculo XV impressorum quos possidet Altorfii Chr. G. Schwarzius. *Norimb.*, 1727, in-8. *v. br.*

1965. James (T.), Catalogus librorum bibliothecæBodleianæ. *Oxoniæ*, 1620, in-4. *parch.*

1966. Kreysig (G. C.), Bibliotheca scriptorum venaticorum. *Altenb.*, 1750, in-8. *br.*

1967. Labbe (Ph.) De scriptoribus ecclesiasticis. *Parisiis*, 1660, 2 vol. in-8. *v. br.* — Oudin Supplementum de scriptoribus vel scriptis ecclesiasticis a Bellarmino omissis. *Parisiis*, 1686, in-8. *v. b.*— Labbe (P.) Elogia sacra cum St. Petiot panegyrici duo de Ruppella expugnata et de Delphino. *Lips.*, 1686, in-8. *v. br.*

1968. Laire (Fr. X.), Index librorum ab inventa typographia ad annum 1500. *Senonis*, 1791, 3 tom. en 2 vol. in-8. *cart.* — Laire (Fr. X.), Specimen hist. typographiæ romanæ XV sæculi. *Romæ*, 1778, in-8. *br.*

1969. La Lande (de), Bibliographie astronomique, avec l'histoire de l'astronomie depuis 1781 jusqu'à 1802. *Paris*, 1803, in-4. *br.*

1970. Lambinet, Recherches sur l'origine de l'imprimerie. *Bruxelles*, an VII, in 8. *br.*

1971. Lelong, Bibliotheca sacra. *Parisiis*, 1709, 2 vol. in-8. *v. br.*

1972. Lettres, mémoires et pièces diverses sur les arrêts du conseil du 30 août 1777, relatifs aux privilèges et aux contrefaçons de librairie. in-4. et in-8.

1973. Lilienthal (M.) De Machiavelismo literario sive de perversis quorumdam in republica literaria inclarescendi artibus. *Regiomonti*, 1713, in-12. *dem. rel.* — Struvii (B. G.) Dissertatio de doctis impostoribus. *Jenœ*, 1703, in-8. *br.*

1974. Mabillon, Iter germanicum et Launoius de scholis celebribus, ed. J. A. Fabricio. *Hamburgi*, 1711, in-8. *v. br.* — Histoire d'un voyage littéraire fait en 1733, en France, en Angleterre et en Hollande. *La Haye*, 1735, in-12. *v. f.*

1975. Magasin encyclopédique 1795 à juillet 1808. — Table. 4 vol. — Annales encyclopédique. 1817, in-8. *rel et broc.*

(Les années 1797 à 1800, sont en 24 vol. *dem. rel.*)

1976. Maichelii Introductio ad historiam litterariam de præcipuis bibliothecis Parisiensibus. *Cantabrigiœ*, 1721, in-8. *broc.*

1977. Mallinkrot (B.A.), de ortu ac progressu artis Typographicæ. *Col. Agripp.*, 1640, — Brevis excursus de loco, tempore et authore inventionis typographiæ. *Parisiis*, 1644, in-4. *v.*

1978. Mémoires de l'Académie des belles lettres de Caen. *Caen*, 1754, in-8. *bas.*

1979. Mémoires pour l'histoire des Sciences et des Beaux Arts. *Amst.*, 1701-1704, 8 vol. in-12. *v. f.*

1980. Memorie per servire all'istoria letteraria. *Venezia*, 1753-1755, 6 tom. cart. en 3 vol. in-8.

1981. Mentelius, de vera typographiæ parænesis. *Parisiis*, 1650, in-8. *parch.* (*Envoi à Cramoisy.*)

1982. Michaelis, Commentationes in societate regia scientiarum Gottingensi prelectæ. *Bremœ*, 1774, in-4. *br.*

1983. Michaelis, Relationes de libris novis. *Gottingœ*, 1752-1753, 5 fascic. *cart.* en 3 vol. in-8.

1984. Middendorpii (J.), Academiarum universi terrarum orbis libri. *Coloniœ*, 1583. in-8. *v. br.*

1985. Morelli (J.). della pubblica libreria di San Marco. *Venezia*, 1774, in-8. *dem. rel.* — Bibliotheca Aprosiana cum præfatione et notis J. Ch. Wolfii. *Hamburgi*, 1734. — Catalogus scriptorum quæ cura et præsidio J. A. Schmidii ab a. 1675, ad a. 1712 prodierunt. in-8, *v. br.*

1986. Naudé, Bibliographie politique, trad. du latin. *Paris*, 1742, in-8. *parch.* — Naudé, Dissertation sur l'imprimerie (extrait de ses additions à l'histoire de Louis XI) in-8. *br.*

1987. Necrologium aliquot romano-catholicorum qui apud Belgas claruerunt ab anno 1600 usque 1739. *Insulis Flandrorum*, 1739, in-8. *v.*

1988. Nouvelles littéraires. de décembre 1723 à mars 1724 et suite. *Paris*, 2 vol. in-8. *v. f.*

1989. Nova librorum rariorum conlectio. *Halis-Magdeburg*, 1709-1710, 3 fascic. *cart.* en 1 vol. in-8.

1990. Observationes selectæ ad rem litterariam. *Halœ Magd.* 1700, 2 vol. in-8. *v.*

1991. Pancirolli (G.), Res memorabilia sive deperditæ, ed. Salmuth. *Francof.*. in-4. *v. br.*

1992. Pars (A.), Index Batavius of naamrol van de Batavise en Hollandse schrijvers. *Leiden*, 1701, in-4. *v. br.*

1993. Pater (P.), de germaniæ miraculo, typis literarum earumque differentiis. *Lipsiœ*, 1710, in-4. *parch.* — Lesser (Fr. Cr.), Typographia jubilans. *Leipzig*, 1740, in-8. *cart.* (*en allem.*)

1994. Pez (B.), Bibliotheca Benedicto-mauriana. *Aug. Vindel.*, 1716, in-8. *cart.*

1995. Paravicini (V.), Singularia de viris eruditione claris. *Basileœ*, 1713. — Petiti (P.), Miscellaneæ observationes. *Traj. ad R.*, 1682. — Lettres de l'église de Liége, au sujet d'un bref de Paschal II. in-8. *v. br.*

1996. Plan des travaux littéraires ordonnés pour la recherche, la collection et l'emploi des monuments de l'histoire et du droit public de la monarchie françoise. *Paris*, 1782, in-8. *br.*

1997. Poitevin-Peitavi, Mémoires pour servir à l'histoire des jeux floraux. *Toulouse*, 1815, 2 tom en 1 vol. in-8. *dem. rel.*

1998. Reimmanni idea systematis antiquitatis literariæ. *Hillesheim*, 1718. — Ejusdem Idea systematis antiquitatis literariæ Ægyptiacæ. *Hillesheim*, 1718, in-8. *v. f.* — Reimmanni (J. Fr.), Historia literaria Babyloniorum et Sinensium. *Brunsvigæ*, 1741, in-8. *cart.*

1999. Reiseri (M. A.), Index manuscriptorum bibliothecæ Augustanæ. 1675. — Arndii (C.), Systema literarium. *Lipsiæ*, 1714. — Gockelii (Er.), Deliciæ academicæ. *Aug. Vindel.*, 1682, in-4. *v. br.*

2000. Sabatier de Castres, Les trois siècles de la littérature françoise. *Paris*, 1779, 4 vol. in-12. *v.* — Lettres d'un théologien à l'auteur du Dictionnaire des trois siècles. *Berlin*, 1774. — Discours sur la vie et les ouvrages de Pascal. in-8. *dem. rel.*

2001. Sandii (Chr.), Bibliotheca anti-trinitariorum. *Freistadii*, 1684. — Lubieniecii historia reformationis Polonicæ. *Freistadii*, 1685, in-8. *v. br.*

2002. Saxius (J. A.), de studiis literariis mediolanensium antiquis et novis. *Mediolani*, 1729, in-8. *cart.* — Saxius (Chr.), Onomastici literarii epitome sive fasti scriptorum veteris et medii ævi. *Traj. ad. R.*, 1782, in-8. *br.* — Saxius (Chr.), Questiones literariæ. *Traj. Bat.*, 1767, in-8.

2003. Saxii (Chr.), Onosmaticon literarium sive nomenclator historico-criticus prestantissimorum scriptorum. *Traj. ad. R.*. 1775-1803. 8 vol. in-8. *br.*

2004. Schelhornii (J. G.), Amœnitates literariæ. *Francof.*, 1725-1731, 14 vol. — Ejusdem Amœnitates historiæ ecclesiasticæ et literariæ. *Francof.*, 1737, 1 vol. les 15 tom. en 8 vol. *vél.*

2005. Scoepflini (J. D.) Vindiciæ typographicæ. *Argentorati*, 1760, in-4. *cart.*

2006. Seelen (J. H. Von), Athenæ lubecenses. *Lubecæ*, 1719, 2 vol. in-8. *v. f.* — Ejusdem selecta historica et literaria. *Regiomonti*, 1715, 2 vol. in-8. *v. f.*

2007. Sibbern (N. P.), Bibliotheca historica Dano-Norvegica. *Hamburgi*, 1716, in-8. *v. f.*

2008. Sinner (R.), Bibliothecæ Bernensis codicum manusc. syllabus. *Bernæ*, 1773, in-8. *br.* — Athenæ rauricæ sive catalogus Academiæ Basiliensis. *Basiliæ*, 1778, in-8. *v.*

2009. Struvii (B. G.), Acta literaria ex manuscriptis eruta atque collecta Jenæ 1713. *Jenæ*, 1713, 2 tom *cart.* en 4 vol. in-8. — Struvii (B. G.), Selecta bibliotheca historica. *Jenœ*, 1705, in-8. *v. br.* — Ejusdem Bibliotheca juris selecta. *Jenœ*, 1705, in-8. *v. br.*

2010. Struvii (B. G.), Bibliotheca historica selecta, ed. Chr. G. Buder. *Jenœ*, 1740, 2 vol. in-8. *cart.*

2011. Struvii (B. G.), Bibliotheca saxonica. *Halæ Magdeb.*, 1736, in-8. *cart.* — Arcana sacra bibliothecarum Dresdensium. *Dresdæ*, 1738, in-8. *br.* — Pippingii (H.), Arcana bibliothecæ Thomanæ Lipsiensis sacra. *Lips.*, 1703, in-8. *v. f.*

2012. Struvii (B. G.), Introductio ad notitiam rei literariæ et usum bibliothecarum. *Jenœ*, 1710, in-8. *vél.* — Supplementa et observationes ad Vossium de historicis græcis et latinis cum præfatione J. Al. Fabricii. *Hamburgi*, 1709, in-8. *v. f.*

2013. Thura (Alb.), Gynæceum daniæ literarium. *Altona*, 1732. — Vogt (J.), Catalogus historico-criticus librorum rariorum. *Hamburgi*, 1732, in-8. *v. br.* — Thura (Alb.), Idea historiæ literariœ danorum, *Hamburgi*, 1723, in-8. *v.*

2014. Traité (nouveau) de diplomatique, par deux religieux Bénédictins (Ch. Fr. Toustain et Tassin). *Paris*, 1750-1765, 6 vol. in-4 *fig. gr. pap. cart. n. rogné.*

2015. Tribbechovius, de doctoribus scholasticis et corrupta per eos divinarum humanarumque rerum scientia. *Jenœ*, 1719. in-8 *v. f.* — Vindiciæ veterum scriptorum contra Harduinum. *Roterod.*, 1708, in-12. *v. br.*

2016. De typographiis earumque initiis et incrementis in regno Poloniæ et magno Ducatu Lithuaniæ. *Dantisci*, 1750, in-4. *br.*

2017. Vergilius (Polydorus), de rerum inventoribus. *Lugd.*, 1558. in-8. *v. br.*

2018. Vergile (Pol.), Mémoires et histoire de l'origine, invention et autheurs des choses, trad. par Fr. de Belleforest. *Paris*, 1576, in-8. *parch.*

2019. Villers (Ch.), Sur l'état actuel de la littérature ancienne et de l'histoire en Allemagne. 1809, in-8. *br.*

2020. Vogt (J.), Historia literaria Constantini magni. *Hamburgi*, 1720, in-12. *br.*

2021. Walchii (J. G.). Bibliotheca theologica selecta. *Jenæ*, 1757, 4 vol. in-8. *v.*

2022. Whear, Relectiones hyemales de ratione et methodo legendi historias civiles et ecclesiasticas. *Cantabr.*, 1684, in-8. *v. br.* — Wokenii (J.), Bibliotheca theologico-philologico-philosophico-historica. *Wittenbergæ*, 1732, in-8. *cart.* tome 1 en 6 part.

2023. Wolfii (J. Chr.), Monumenta typographica. *Hamburgi*, 1740, 2 vol. in-8. *cart.*

2024. Würdtwein (St. A.), Bibliotheca Moguntina libris sæculo primo typographico impressis instructa. *Ulmæ*, 1791, in-4. *br.*

2025. Zapf (G. G.). Annales typographiæ Augustanæ ab ejus origine 1466 usque ad annum 1580. *Aug. Vindel.*, 1778, in-4. *cart.*

2026. Zeltneri correctorum in typographiis eruditorum centuria. *Norimbergæ*, 1716, in-8. *cart.*

Biographie — Extraits historiques.

2027. Æliani (Cl.) Varia historia, ed. Gronovio. *Lugd. Bat.*, 1731, 2 vol. in-4. *v. f.*

2028. Adami Vitæ germanorum jurisconsultorum et politicorum. *Heidelbergæ*, 1620, in-8. *parch.* — Ejusdem, Vitæ germanorum philosophorum. *Francof.*, in-8. *parch.* — Ejusdem, Vitæ germanorum medicorum. *Heidelbergæ*, 1620, in-8. *parch.*

Exemplaire de Baluze.

2029. Anastasius, De vitis romanorum pontificum. *Romæ*, 1731-1735, in-fol. tom. 1 et 4. *br.*

2030. Aretino (P.), Vita di Maria Vergine. *Venetia*, 1642, in-24. *v. br.* — Vita di P. Aretino da G. Mazzuchelli. *Brescia*, 1763, in-8. *v.*

2031. Arnaud d'Andilly, Vies de plusieurs Saints illustres. *Paris*, 1665, 2 vol. in-8. *v. br.* — Dictionnaire historique des saints personnages. *Paris*, 1772, 2 vol. in-8.

2032. Baldinucci, Vita del cavaliere Bernino. *Firenze*, 1682, in-4.

2033. Besze (Th. de), Les vrais pourtraits des hommes illustres en piété et doctrine. 1581, in-4. *fig. en bois, parch.* (*mouillé.*)

2034. Bonnefons (A.), Fleurs des vies des saints en abrégé. *Paris*, 1721, 4 vol. in-8. *v.*

2035. Commentarii de rebus pertinentibus ad A. M. Card. Quirinum. *Brixiæ*, 1749, 3 vol. in-8. *v.*

2036. Cornelii Nepotis imperatorum vitæ. *Glasguæ*, 1777, in-8. *br.*

2037. Cornelii Nepotis vitæ excellentium imperatorum, ed. Ith. *Bernæ*, 1779, in-8.

2038. Cornelius Nepos, ed. J.V. Leclerc. *Paris*, *Lemaire*, 1820, in-8. *broch.*

2039. Derniers sentiments des plus illustres personnages condamnés à mort. *Paris*, 1775, 2 vol. in-12. *v.* — Description de l'isle de Portraiture et de la ville des portraits. *Paris*, 1689, in-12. *v. br.*

2040. Erasmi (Des.) vita. *Lugd. Bat.*, 1642, in-12. *v. f.* — Castellani (P.) Vita, auctore P. Gallandio cum notis St. Baluzii. *Parisiis*, 1684, in-8. *v. f. fil.*

2041. Fabricii (Fr.), Historia M. T. Ciceronis, ed. Heusinger. *Budingæ*, 1727, in-8. *cart.*

2042. Fabronius (A.) Vitæ Italorum doctrina excellentium sæculi XVIII. *Romæ*, 1766, in-8. *cart.*

2043. Flavius Joseph, De vita sua, græce, cum notis H. P. C. Henke. *Brunovici*, 1786, in-8. *br.*

2044. Frédéric le grand in-8. *d. r.*

2045. Histoire de Dom Didier de la Cour. *Paris*, 1772, in-8. *v.* — Notice sur Richard de Saint-Non, par G. Brizard. *Paris*, 1792, in-8. — Notice sur la vie littéraire de Spallanzani, par Tourdes. *Milan*, 1800, in-8 *br.*

2046. Histoire des vies, meurs, actes, doctrine et mort de M. Luther, J. Calvin et Théod. de Beze, par N. Talepied et Bolsec. 1616, in-12. *parch.* — Vitæ Ph. Melancthonis, Georgii principis Anhaltini et Helii Eobani Hessi, auctore G. Camerario. *Lips.*, 1723, in-8. *v. br.*

2047. Histoire du ministère du card. Martinusius, primat et régent de Hongrie, avec l'origine des guerres de ce royaume et de celles de Transylvanie. *Paris*, 1715, in-12. *mout* — Typotii (J.), Symbola Pontificum, Imperatorum, Regum. *Arnhemiæ*, 1666, in-12. *fig. v. br.*

2048. Historia vitæ J. Arminii à C. Brantio. *Amst.*, 1724, in-8. *v. br.* — Historia vitæ Sim. Episcopii scripta à Ph. Limborch. *Amstel.*, 1702, in-8. *v. f. fil.*

2049. Klüpfel, Necrologium sodalium et amicorum litterariorum. *Friburgi*, 1809, in-8. *cart.* — Leickheri vitæ clarissimorum jurisconsultorum. *Lipsiæ*, 1686, in-8. *v. br.* — Seeleniana, auth. E. L. F. Behmio. *Hamburgi*, 1728, in-8. *cart.*

2050. The Life of W. Caxton, first printer in england, by J. Lewis. *London*, 1737, in-8. *cart.*

2051. Mémoire sur le comte de Bonneval, par le prince de Ligne. *Paris*, 1817, in 8. *br.* — Mémoires de Mme. de Warens et de Claude Anet. *Paris*, 1786, in-8. *v.* — Essai sur la vie et les mœurs d'un moine ambulant. 1789, in-12. *br.*

2052. Niemeyerus (H. A.), De Isidori pelusiotæ vitâ, scriptis et doctrina. *Halæ*, 1725, in-8. *c.*

2053. Perrault, Les hommes illustres qui ont paru en France pendant le XVII siècle. *La Haye*, 1736, 2 tom. en 1 vol. in-8. *v. br.*

2054. Petrus Diaconus, de viris illustribus casinensibus. *Lut. Paris.*, 1666, in-8. *v. br.* — Clementes titulo sanctitatis vel morum sanctimonia illustres à A. Oldoino. *Perusiæ*, 1675, in-8. *v. br.*

2055. Recueil des vertus et des écrits de Mme. de Neuvillette, par le p. Cyprien de la Navité. *Paris*, 1660, in-8. *v. br.* — Vie de Mme. Helyot. *Paris*, 1684, in-8. *v. br.*

2056. Reusneri (N.) Icones cum elogiis literis Cl. virorum Italiæ, Græciæ, Germaniæ, Galliæ, Angliæ, Ungariæ. *Basileæ*, 1589, in-8. *fig. sur bois, vél.*

2057. Tomasini (J.) Illustrium virorum elogia iconibus exornata. *Patavii*, 1630, 2 vol. in-4. *parch.*

2058. Valerius Maximus, cum notis variorum, ed. Thysio. *Lugd. Bat.*, 1660, in-8. *vél.*

2059. Vie d'Agnès d'Aguillenqui, par le P. H. de Verclos. *Avignon*, 1740, in-8. *v. br.* — Vie de Ste. Agnez de Monpolitien, par J. Roux. *Paris*, 1728, in-12. *v. br.*

2060. Vie de Jean d'Aranthon d'Alex, évêque de Genève.

Lyon, 1697, in-8. *v. br.* — Eclaircissemens sur la vie de Jean d'Aranthon d'Alex. *Chambéry*, 1699, in-8. *m. r. tr. d.*

2061. Vie de Bretigny, fondateur des Carmelites par le p. Beauvais. *Paris*, 1747, in-12. *v.* — Vie de Dom. Eustache de S. Paul Asseline. *Paris*, 1646, in-8. *parch.*

2062. Vie de Cassiodore. *Paris*, 1695, in-12. *v. f.* — Histoire de la vie de David, par l'abbé de Choisy. *Amst.*, 1692, in-12. *v. br.*

2063. Vie de la mère Catherine de St. Augustin, religieuse hospitalière de la miséricorde de Quebec. *Paris*, 1671, in-8. *v. br.*

2064. Vie et actions héroiques et plaisantes de l'empereur Charles V. *Brusselles*, 1700, 2 vol. in-12. *fig. v.*

2065. Vie de La Mere J. M. Chezard de Matel. *Avignon*, 1743, in-8. *v. br.*

2066. Vie du P. Charles de Condren. *Paris*, 1657, in-8. *v. br.*

2067. Vie de P. Du Bosc. *Rotterdam*, 1694, in-8. *v. br.* — Vie de M. A. Du Val de Dampierre. *Liège*, 1684, in-12. *v. br.*

2068. Vie de la mère Elizabeth de l'Enfant Jésus. *Paris*, 1680. in-8 *v. br.*

2069. Vie de S. Jean de-la-Croix, par Collet. *Paris.*, 1769, in-12. *bas.*

2070. Vie de Don Jean de Palafox. *Paris*, 1767. in-8. *v.*

2071. Vie du P. Joseph, capucin, commissaire apostolique et fondateur des religieuses reformées de S-Benoît, sous le titre de la congrégation de N. D. sur le Calvaire, in-fol. *cart.*

Cette vie manuscrite est du s. Dupré Balain, pretre, et n'a point été imprimée. Ce manuscrit est très bien conservé.

2072. Vie de Michel de l'Hôpital, chancelier de France. *Paris*, 1764 in-12. *v.* — Eloge historique de J. Gonthier d'Audernac, médecin de François Ier, par L. A. P. Hérissant. *Paris*, 1765, in-12. *br.*

2073. Vie de P. de Luxembourg, evêque de Metz et cardinal. *Paris*, 1681, in-12. *br.* — Vie du duc de Modène, capucin, par le p. Casimir. *Paris*, 1674, in-8. *br.*

2074. Vie de D. Olimpe Maldachini, trad. de l'italien de Gualdi. 1770, 2 tom. en 1 vol. in-12, *v.*

2075 Vie de la mère Marguerite Acarie, dite du Saint Sacrement. *Paris*, 1689, in-8. *v. br.*

2076. Vie de sœur Marguerite du Saint Sacrement. *Paris*, 1654, in-8. *v. br.*

2077. Vie de Marie-Magdeleine de Pazzi. *Paris*, 1634. — Vie de Françoise d'Amboise, duchesse de Bretagne. *Paris*, 1634, in-8. *parch.*

2078. Vie de Marie de Médicis, par Mme d'Arconville. *Paris*, 1774, 3 vol in-8. *v.*

2079. Vie du duc de Montausier. *Paris*, 1729, 2 vol.— La guirlande de Julie pour mademoiselle de Rambouillet, depuis duchesse de Montausier, 1729, in-12, 3 vol. en 1. *v. br.*

2080. Vie de S. Paulin. *Paris*, 1586, in-8. *v. br.* — Vie du pape Pie V, par J. B. Feuillet. *Paris*, 1674, in-8. *v. br.*

2081. Vie privée du maréchal de Richelieu. *Paris*. 1791, 3 vol. in-8. *cart.*

2082. Vie et miracles de Saint-Rieule, par Ch. Jaulnay. *Paris*, 1648, in-8. *v. br.*—Schiros (Th.), l'art de devenir saint et de nous sauver avec la grace de St.-Jean Nepomucène, trad. de l'italien. *Strasbourg*, 1741, in-12. *br.*

2083. Vie de Saincte Thérèse de Jésus, trad. de l'espagnol. *Paris*, 1632, in-8. *parch.*

2084. Vie du comte de Vergennes par de Mayer. *Paris*, 1789. — Histoire de l'assassinat de Gustave III. *Paris*, 1797 in-8. *cart.*—Vie du capitaine Thurot. *Paris*, 1791, in-8. *br.*

2085. Vie du maréchal duc de Villars, écrite par luimême et publiée par Anquetil. *Paris*, 1784, 4 vol. in-12, *v.*

2086. Vita Angeli Colotii, auctore F. Ubaldino. *Romæ*, 1673. — Octo Pantagathi vita, auct. J. B. Rufo. *Romæ*, 1657. —Fulvii Ursini vita, auctore J. Castalione. *Romæ*, 1657, in-8. *cart.*

2087. Vita di Aldo Pio Manuzio, da D. M. Manni. *Venezia*, 1759, in-8. *br.*

2088. Vita Ernesti Pii, ducis Saxoniæ, ab E. M. Eyringio. *Lips.*, 1704. — Ad. Clarmundus, de præcipuis topicorum explanatoribus cum antiquis, tum recentioribus. *Lipsiæ*, 1708, in-8. *v. br.*

2089. Wtten (H.), memoriæ theologorum nostri seculi clarissimorum renovatæ. *Francof.*, 1674, in 8. *vél.* —Ejusdem Memoriæ jurisconsultorum clarissimorum renovatæ. *Francof.*, 1676, in-8. *vel.* (*Exemplaires de Baluze.*)

2090. Wlson, Portraits des hommes illustres françois de la galerie du palais du cardinal de Richelieu. *Paris*, 1668, in-8. *fig.* *v. br.*

FIN.

TABLE

DES MATIÈRES.

HISTOIRE.

IMPRIMERIE D'HIPPOLYTE TILLIARD,
RUE ST.-HYACINTHE-ST.-MICHEL, n° 30.

www.ingramcontent.com/pod-product-compliance
Ingram Content Group UK Ltd.
Pitfield, Milton Keynes, MK11 3LW, UK
UKHW020148220726
13923UKWH00001B/431